Lehr- und Handbücher zu Sprachen und Kulturen

Herausgegeben von
José Vera Morales

Lieferbare Titel:

Übungsbuch zu Wirtschafts- spanisch

Terminologisches Handbuch
Manual de lenguaje económico

von
Dr. Johannes Schnitzer
und
Mag. Brigitte Schatzl

3., überarbeitete Auflage

Oldenbourg Verlag München Wien

Bibliografische Information der Deutschen Nationalbibliothek

Die Deutsche Nationalbibliothek verzeichnet diese Publikation in der Deutschen Nationalbibliografie; detaillierte bibliografische Daten sind im Internet über <http://dnb.d-nb.de> abrufbar.

© 2008 Oldenbourg Wissenschaftsverlag GmbH
Rosenheimer Straße 145, D-81671 München
Telefon: (089) 45051-0
oldenbourg.de

Lektorat: Wirtschafts- und Sozialwissenschaften, wiso@oldenbourg.de
Herstellung: Anna Grosser
Coverentwurf: Kochan & Partner, München
Gedruckt auf säure- und chlorfreiem Papier
Druck: Grafik + Druck, München
Bindung: Thomas Buchbinderei GmbH, Augsburg

ISBN 978-3-486-57976-5

INHALTSVERZEICHNIS

ASPECTOS GENERALES

MUNDO LABORAL

EMPRESA

COMERCIO Y SECTOR EXTERIOR

FINANZAS

VORWORT

Die hier vorliegende Neufassung des Übungsbuches zu Wirtschaftsspanisch – Terminologisches Handbuch versteht sich als unmittelbare Ergänzung zum gleichnamigen Handbuch (4. Auflage und folgende).

Bei dieser Neubearbeitung konnten wir in vielen Fällen auf Übungen zurückgreifen, die bereits in der ersten Auflage enthalten waren. Aus diesem Grund sind wir nach wie vor Dr. Jordi Martí Pidelaserra, Lic. Mercedes Pérez Perdigó und Lic. Núria Xicota Tort zu großem Dank verpflichtet. Die ursprünglichen Übungen wurden ergänzt, aktualisiert und um zahlreiche Kapitel erweitert.

Sowohl die Struktur als auch die inhaltliche Annäherung an das jeweilige Thema beziehen sich weitgehend auf die entsprechenden Erklärungen im Terminologischen Handbuch. Aus diesem Grund ist in den allermeisten Fällen ein sinnvolles Arbeiten mit dem Übungsband tatsächlich nur in Kombination mit dem Handbuch möglich.

Bei der Erstellung der Übungen wurde auf Lerner, die sich im Selbststudium in die spanische Wirtschaftsterminologie einarbeiten, Rücksicht genommen. Zu ausnahmslos allen Übungen finden sich Lösungen am Ende des Buches.

Für Durchsicht und kritische Anregungen danken wir insbesondere Lic. Sònia Josa Castro.

Die Autoren

1 LOS BIENES ECONÓMICOS

I. Complete con los sinónimos:

1. Bienes .... = ... = "bienes".

2. Bienes .... = ... = servicios.

II. Señale si los bienes siguientes son intermedios o finales:

	intermedio	final
a) una bombilla		
b) pulpa de fruta para hacer zumo		
c) una revista		
d) papel para impresoras		
e) asientos para coches		
f) una furgoneta		

III. Para una empresa automovilística, ¿los siguientes bienes son materia prima, productos semielaborados o acabados? Marque con una cruz:

	materia prima	prod. semi-elaborado	prod. acabado
a) un camión			
b) neumáticos que compra a Michelin			
c) motores que produce para sus coches			
d) el metal para la carrocería			
e) el libro de instrucciones para el coche			
f) faros de producción propia			

IV. Señale si los bienes siguientes son sustitutivos o comple-mentarios:

	sustitutivo	complementario
a) lápiz – papel		
b) diccionario impreso – diccionario en CD		
c) computadora – impresora		
d) leche fresca – leche en polvo		
e) viaje a París en tren – en avión		
f) pastilla de jabón – jabón líquido		
g) estudios en la universidad – estudios a distancia		
h) estudios para graduarse como „Licenciado en Administración y Dirección de Empresas" – estudios de „Master en Gestión de las Organizaciones"		

V. Forme los verbos a base de los siguientes sustantivos:

1. la necesidad - ....
2. el consumo - ....
3. la satisfacción - ....
4. la producción - ....
5. el deseo- ....
6. la transformación - ....

2 LOS SECTORES ECONÓMICOS

I. Lea el texto y clasifique los ramos de actividad mencionados:

sector primario	sector secundario	sector terciario

Un barómetro de estabilidad para la economía española

La evolución de la economía española, durante el segundo trimestre, ha seguido mostrando una tendencia optimista, incrementándose en el Barómetro las respuestas que hacen referencia a la estabilidad.

Construcción es el sector que obtiene mayor número de respuestas positivas en el Barómetro: un 70,6% de las empresas asegura que la situación ha mejorado en el segundo trimestre. El segundo sector más optimista respecto a la economía española es el de Servicios, con un 52,7% de las respuestas. Agricultura, Ganadería, Minería y Pesca, como se esperaba, es el sector que menos cree en una mejoría de la economía española en los últimos meses.

En el lado opuesto están los que piensan que la situación económica ha empeorado, y allí destacan los sectores de Comercio Minorista (36,4% de las respuestas), Agricultura, Ganadería, Minería y Pesca (28,6%), y Comercio al por Mayor (20%).

En cuanto a las perspectivas para el segundo semestre, el sector Servicios pasa a ser el más optimista con un 36,1% de sus empresarios afirmando que la situación de la economía mejorará, seguido de Construcción con un 35,3% e Industria Manufacturera con un 27,2%.

II. Busque la traducción de los siguientes términos:

a) Hotellerie - ....

b) Fischereiflotte - ....

c) verarbeitende Industrie - ....

d) Nahrungsmittelindustrie - ....

e) Finanzdienstleistungen - ....

f) Schwerindustrie - ....

g) Branchen - ....

h) Viehzucht – ....

i) Forstwirtschaft - ....

III. Y ahora complete las noticias con los términos correspondientes:

- Según Eurostat, la oficina estadística comunitaria, Cataluña es la quinta región de la Unión Europea donde las empresas de media y alta tecnología emplean a más trabajadores (un 9% del empleo total catalán). La .... (1) de alto y medio valor añadido comprende las actividades química-farmacéutica, informática, electrónica, de precisión, aeronáutica, pero también la industria del automóvil y de los bienes de equipo.

- El grupo francés Danone intenta comprar la compañía holandesa Numico, líder en la fabricación de alimentos infantiles en Europa. Después de esta operación el grupo francés se convertiría en "líder mundial en la .... (2), especialmente en la nutrición saludable".

- Los trabajadores de los astilleros de Vigo declararon ayer una huelga para todas las empresas metalúrgicas de la provincia, lo que incluye el conjunto de la .... (3) de la región.

- El Ministerio de Pesca destinará 4,9 millones de euros para compensar a la .... (4), afectada por las regulaciones fijadas por la Comisión Europea respecto a la pesca de la anchoa.

- Las mujeres ganan en España como media un 13% menos que los hombres, una diferencia salarial que no ha disminuido en la última década. En cuanto a los .... (5), la brecha salarial resulta especialmente grave en los .... (6) (37%). Ello se explica, según la Comisión, entre otros motivos, por el 'techo de cristal' que impide a las mujeres alcanzar puestos directivos.

- La subida del precio del cereal provoca importantes pérdidas en la .... (7) de Galicia, según alertó ayer el sindicato Unións Agrarias. Los sectores que más sufren el impacto, explicó su secretario de Acción Sindical, Javier Iglesias, son los que se dedican a la cría del conejo y del cerdo.

- Mediante las subvenciones previstas en el Plan de Prevención y Defensa contra Incendios Forestales el Gobierno de Pontevedra pretende fomentar la diversificación de la masa arbórea y recuperación del bosque autóctono, la conservación y mejora de los cauces fluviales, la reforestación de las zonas quemadas, la puesta en valor de los productos y servicios derivados de los montes, la limpieza de las zonas de protección y actuaciones de .... (8) preventiva.

- El rico y variado patrimonio histórico de Andalucía y la singularidad de algunas manifestaciones culturales están llamadas a convertirse en un interesante atractivo que permita la diversificación de la actividad turística y al mismo tiempo su desestacionalización en el tiempo. El sector turístico, especialmente la .... (9) aprecia el turismo cultural como una gran oportunidad, pero los resultados aún son inciertos. En los últimos cinco años, la oferta de hoteles en las ciudades monumentales ha aumentado de forma estimable, un 21,5%, pero apenas logran todavía ocupar la mitad de las plazas.

3 EL DINERO Y LA MONEDA

I. Relacione las palabras de la columna A con los correspondientes sinónimos de la columna B. Cuidado: no todas tienen sinónimo. Traduzca al alemán aquéllas que no lo tengan.

Aviso: algunos términos provienen de las explicaciones terminológicas al final del capítulo.

A	B
1. ingresar dinero en una cuenta	a) ganar
2. retirar dinero de una cuenta	b) sacar
3. depreciación del dinero	c) depositar
4. cambiar una moneda	d) apreciación
5. transferir dinero	e) acuñar
6. revalorización del dinero	f) invertir

II. Junte las dos partes de los siguientes términos:

1. tarjeta	a) Central
2. cajas	b) de banco
3. medio	c) de crédito
4. poder	d) financiero
5. Banco	e) fuertes
6. reservas	f) de pago
7. activo	g) adquisitivo
8. billetes	h) de oro

III. Y ahora complete los siguientes textos con los términos que acaba de formar:

„¡Se vende oro!"

El Banco de España ha vendido 28 toneladas de oro en el mes de mayo, que se suman a las 80 toneladas vendidas en los meses de marzo y abril. De este modo, en tres meses el Banco de España se ha desprendido del 25 por ciento de sus .... (1).

„Cada vez menos pagos en efectivo"

El turismo atraído por la Copa del América ha disparado la compra de productos con .... (2). El uso de este .... (3) ha aumentado un 68%, llegando a 121 millones de euros.

„Google abre .... (4)"

Dos ladrones estadounidenses se instruyen por Internet sobre cómo forzar cofres blindados y se llevan casi 9.000 euros.

„Los billetes de 500 euros suponen el 65% del total de dinero en circulación en España"

Los expertos del Banco de España atribuyen la proliferación de estos .... (5) a que los españoles prefieren el efectivo a cualquier otro medio de pago, así como al blanqueo de capitales y al "boom" del sector de la construcción, en el que muchos pagos se hacen en "negro".

„España cede terreno en la carrera del ....
.... (6) en Europa"

La tasa de inflación prevista por el .... (7) Europeo (BCE) para los países de la zona euro es del 2%.

„Un euro fuerte"

El marco de política monetaria del BCE refuerza el atractivo del euro como .... (8) , con su énfasis exclusivo en la estabilidad de precios.

4 EL AHORRO, EL CONSUMO, LA FINANCIACIÓN Y LA IN-VERSIÓN

I. Complete el cuadro, teniendo en cuenta que en algunas casillas puede haber más de una posibilidad. Fíjese también en las explicaciones terminológicas al final del capítulo.

sustantivo	sustantivo persona	verbo	adjetivo
			consumista
		ahorrar	
	el inversor		
		gestionar	
la especulación			

II. Un crucigrama:

1. Aumento generalizado del nivel de precios.
2. Aportación del dinero necesario para un determinado proyecto.
3. Título valor que representa una fracción del capital social de una empresa.
4. Recipiente para guardar y ahorrar dinero, usado habitualmente por los niños.
5. Uso de bienes y servicios para satisfacer necesidades.
6. Sinónimo de „libreta de ahorros".
7. Operación financiera realizada en los mercados de valores con el fin de obtener beneficios.

8. La tarifa que se paga por el uso del dinero.

9. „inversor" en Latinoamérica.

10. Todas las cantidades de dinero que recibe una persona, una familia, una empresa, etc. (pl.)

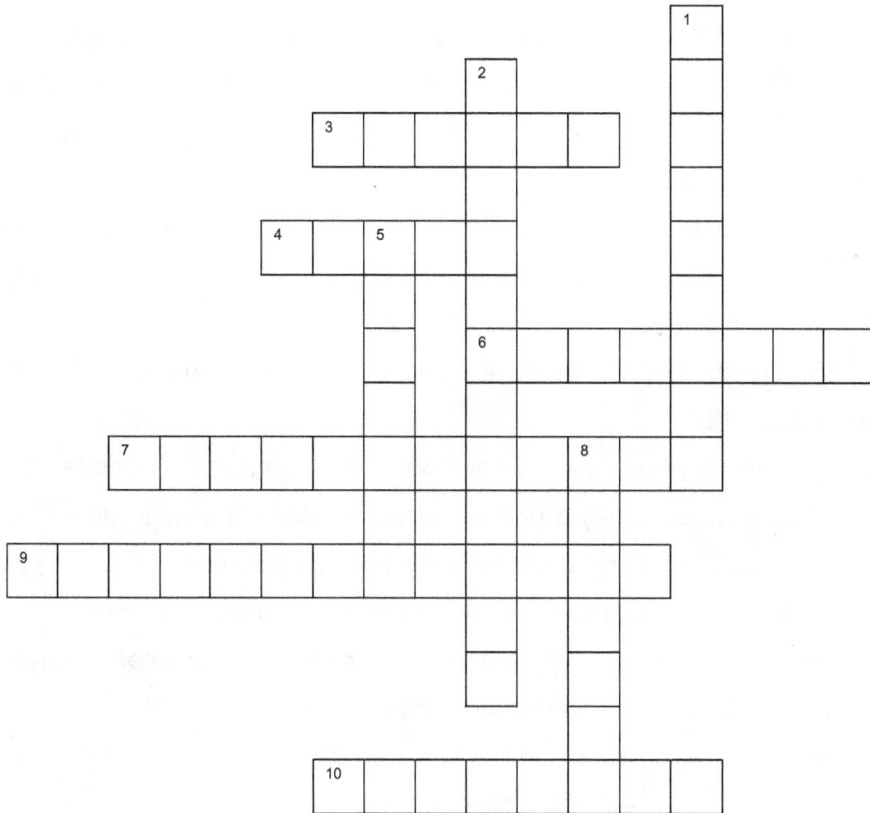

III. Complete el siguiente texto con estos términos:

a) crédito   e) ahorro

b) inflación   f) socio

c) colocar   g) interés

d) rentabilidad   h) almacenar

El .... (1) se define como la diferencia entre el ingreso disponible y el consumo efectuado por una persona, una empresa, etc. Para evitar que el dinero que no ha consumido pierda valor por la .... (2), el ahorrador dispone de diferentes posibilidades de ahorro.

El ahorrador actual no suele .... (3) sus ahorros en casa como se hacía antes, sino que los suele .... (4) bien en una institución financiera, bien en un negocio. En ambos casos, además de obtener un beneficio, contribuye al funcionamiento de la economía.

En las operaciones de financiación el ahorrador concede un .... (5) a una institución bancaria a cambio del cobro de un .... (6) por el uso de sus recursos.

Con operaciones de inversión, por ejemplo mediante la compra de acciones en bolsa, el ahorrador pretende obtener mayor .... (7) aunque conlleven mayor riesgo.

Mediante la inversión en un negocio el ahorrador se convierte en .... (8) del mismo.

5   LA ECONOMÍA DE MERCADO -
LA OFERTA Y LA DEMANDA

I. Señale la respuesta correcta en cada caso:

1. La economía de mercado se basa en

    a) el interés de los consumidores.

    b) la ley de la oferta y la demanda.

    c) los demandantes de bienes y servicios.

    d) una „mano invisible".

2. La curva de demanda muestra

    a) la cantidad consumida de un producto a cada precio.

    b) qué productos son más baratos.

    c) el nivel de renta de los consumidores.

    d) los deseos de los oferentes.

3. Los demandantes y oferentes tienen intereses distintos. En una representación gráfica, los deseos de ambos se encuentran en

    a) la curva de la oferta.

    b) el estado de bienestar.

    c) el punto de equilibrio.

    d) la competencia perfecta.

4. Para el buen funcionamiento del mercado,

    a) la existencia de monopolios, grupos de presión o cárteles es fundamental.

    b) el Estado debe planificar la economía.

    c) los agentes económicos deben perseguir sólo sus propios intereses.

    d) la intervención del Estado debe ser la menor posible.

5. El Estado de Bienestar impulsado por los partidos socialdemócratas se caracteriza por
   a) la coexistencia de los principios de mercado e intervención del Estado.
   b) la disminución del PIB.
   c) sucesivas reformas escolares,
   d) su alto gasto público y escasa deuda pública.

6. En una economía planificada
   a) las cantidades y los precios de los bienes son fijados por las fuerzas de la oferta y demanda del mercado.
   b) las principales decisiones de asignación de recursos, producción y establecimiento de precios son tomadas por las autoridades.
   c) es fundamental la propiedad privada de los factores de producción y que las empresas y los individuos persigan la obtención de un beneficio.
   d) se intercambian unos bienes por otros en lugar de pagarlos mediante unidades de cuenta tales como el dinero.

II. Subraye la versión correcta de los términos:

1. el coto / la cuota de mercado
2. la nicha / el nicho del mercado
3. regular / regulir un mercado
4. la demanda escasa / esquasa
5. los bienes de lujo / de lucho

6 LOS MONOPOLIOS Y OLIGOPOLIOS

I. Traduzca los términos:

a) Privatisierung - ....

b) Nachfrage - ....

c) Konkurrenz - ....

d) Markt - ....

e) Konkurrenten - ....

f) Staatsmonopole - ....

g) adjetivo de "Oligopol" - ....

II. Complete ahora el texto utilizando el término adecuado para cada espacio:

Hoy en día la .... (1) perfecta, que en opinión de muchos economistas constituye la forma ideal de un .... (2), se da cada vez menos. En la mayoría de los sectores predomina una competencia .... (3), en la que unas pocas empresas dominan el mercado. Esto significa que coexisten varios .... (4) que cubren toda la .... (5) e intentan impedir la entrada de otras empresas.

En muchos países europeos se discute la .... (6) de los últimos .... (7) como los ferrocarriles o Correos. Al mismo tiempo en varios países latinoamericanos se observa una tendencia a la nacionalización en subsectores como la minería o la producción petrolífera.

7 PRODUCTO INTERIOR BRUTO (PIB), PRODUCTO NA-CIONAL BRUTO (PNB) Y RENTA NACIONAL - LA COYUNTURA

I. Un crucigrama:

1. Porcentaje de parados en un país (3 pal.).

2. Suma de los ingresos de los factores productivos, en un período dado, en un país. (2 pal.).

3. Ayuda económica que las administraciones públicas suelen destinar a favor de particulares o empresas.

4. Contabilidad: reducción del valor de los bienes de producción.

5. Fase del ciclo económico caracterizada por un descenso de la demanda y de los precios, fuerte desempleo y subutilización de la capacidad productiva y escasa o nula formación del capital.

6. Intervalo de tiempo en el que se alternan períodos de auge y desaceleración económica (2 pal.).

7. Un trabajo sin retribución = trabajo …(2 pal.).

8. Diferencia entre el valor de los productos y el coste de las materias primas que se utilizan para su producción. (2 pal.)

9. Combinación de factores que definen la situación de la economía en un determinado momento.

10. Es el total de bienes y servicios producidos en un país durante un periodo de tiempo determinado. Incluye la producción generada por nacionales residentes en el país y por extranjeros residentes en el país, y excluye la producción de nacionales residentes en el exterior (sigla).

11. Fase del ciclo económico anterior a la crisis.

12. Valor de los bienes y servicios de demanda final producidos por un país en un año, considerando lo aportado por los nacionales fuera del territorio (sigla).

13. Por cabeza (2 pal.)

II. Complete estas fórmulas:

PIB a precios de mercado

- .... (1)

+ .... (2)

= PIB al coste de los factores

PNB

= .... (3)

= Producto nacional neto

Producto nacional neto al coste de los factores = ... (4)

III. Complete estas frases con una de las palabras propuestas:

1. Los ciclos económicos están formados por momentos de depresión y
   momentos de ....

   a) subida   b) auge   c) aumento

2. Para conocer la situación económica de un país los expertos miran
   varios .... como el PIB, la tasa de paro o el índice de precios
   al consumo.

   a) indicios   b) indicadores   c) indicaciones

3. El PIB mide la capacidad .... de un país en un año.

   a) creativa   b) evolutiva   c) productiva

4. Para evitar la doble contabilidad en el PIB sólo aparece el valor de los
   bienes .... y no el de los ....

   a) finales/intermedios b) terminales/mitad   c) últimos/medios

5. No siempre un aumento del PIB indica una .... general del
   bienestar de la población de un país.

   a) tasa   b) mejora   c) demora

6. Los indicadores económicos como el PIB no dicen nada acerca de
   problemas como la .... del medio ambiente que se derivan
   de las actividades productivas.

   a) contaminación   b) contribución   c) consolidación

8   LOS INGRESOS Y LA RENTA

I. **Relacione las palabras de la primera columna con las de la segunda:**

PERCEPTOR	TIPOS DE INGRESOS
1. Estado	a) honorarios
2. empresas	b) salarios
3. trabajadores por cuenta ajena	c) importe de las ventas
4. socios de una empresa	d) jornales
5. trabajadores por cuenta propia	e) sueldos
	f) tributos
	g) rentas de capital

II. Explique cuál es la diferencia entre:

1. sueldo
2. salario
3. jornal
4. honorario
5. remuneración

III. En cada línea hay un término que no pertenece al grupo:

a)	remuneración	ingreso	renta	gasto
b)	subvenciones	impuestos	subsidios	becas
c)	rentas de capital	primas	pagas extraordinarias	sueldo base
d)	pluses del convenio	liquidaciones de viajes	retenciones fiscales	primas

9 LA DISTRIBUCIÓN DE LA RENTA, EL NIVEL Y LA CALI-DAD DE VIDA

I. Ponga cada uno de estos términos en el lugar apropiado:

a) perceptores

b) contaminación

c) gasto público

d) Estructurales

e) poder adquisitivo

f) impuestos

g) de Cohesión

- El medio más usado por los gobiernos para reducir la desigualdad en la distribución de la renta son los .... (1) progresivos sobre el nivel de ingresos de los agentes económicos individuales. Sin embargo, en algunos países se considera que las desigualdades sociales deben atenuarse mediante el .... (2).

- En los países del Tercer Mundo la distribución de la renta favorece a una minoría privilegiada de .... (3) que concentran en ocasiones más del 60% de la riqueza que genera el país anualmente.

- En ocasiones, aunque la renta familiar disponible en algunas zonas de una país sea más baja, el .... (4) de esos hogares no es menor ya que el nivel de precios de la zona en cuestión también suele ser más bajo.

- Una alta renta per cápita no conlleva necesariamente una mayor calidad de vida puesto que hay otros factores como la .... (5), la delincuencia o la libertad de actuación que también influyen decisivamente en este aspecto.

- Los Fondos .... (6) y el Fondo .... (7) son los instrumentos financieros de la política regional de la Unión Europea (UE), encaminada a reducir las diferencias de desarrollo a nivel económico, social y territorial entre las regiones y los Estados miembros.

10 LOS PAÍSES INDUSTRIALIZADOS, LOS PAÍSES EMER-GENTES Y LOS PAÍSES EN VÍAS DE DESARROLLO - EL DESARROLLO SOSTENIBLE

I. Traduzca los siguientes términos:

a) Entwicklungsstand - ....

b) Schwellenländer -...

c) Industrieländer - ....

d) Rohstoffe - ....

e) Primär- u. Sekundär - ....

f) Organisation für wirtschaftliche Zusammenarbeit und Entwicklung -

....

g) unterentwickelte - ....

h) verarbeitete Produkte - ....

II. Complete las siguientes frases con los términos que acaba de traducir:

.... (1), países emergentes y países en vías de desarrollo, son expresiones utilizadas para referirse al .... (2) de un país.

La .... (3), es una organización internacional compuesta por 30 países industrializados cuyo objetivo es coordinar sus políticas económicas y sociales.

En los países industrializados, los sectores .... (4) son muy intensivos en capital. Los países emergentes también se denominan .... (5).

Los países .... (6) son los llamados países del Tercer Mundo.

El comercio exterior de los países subdesarrollados muchas veces se basa en la exportación de .... (7) y en la importación de.. (8).

III. Un crucigrama:

1. Productos agrícolas, forestales o mineros que han sufrido poca o ninguna transformación (2 pal., plural).

2. „del medio ambiente" (adj.).

3. Debilitamiento de la capa de ozono atribuido según los científicos a los clorofluorocarbonos (3 pal.).

4. Obligaciones contraídas con una entidad del extranjero por préstamos o créditos a entidades públicas o privadas de un país (2 pal.).

5. Parte de la actividad económica que comprende la agricultura, extracción minera, ganadería, silvicultura, pesca y caza: sector ...

6. Precipitaciones en las que el agua contiene ácidos disueltos (2 pal.).

7. Término acuñado por el economista francés Alfred Sauvy en 1952 para designar los países que no pertenecían ni al bloque occidental, ni al bloque comunista (2 pal.).

8. Proceso de desaparición de masas forestales (bosques), fundamentalmente causada por la actividad humana.

9. Desarrollo que satisface las necesidades del presente sin disminuir la capacidad de las generaciones futuras para satisfacer sus propias necesidades.

10. Mecanismo natural que consiste en el calentamiento de la atmósfera por parte de la radiación de onda larga: efecto ...

11. Proceso que sufre un material o producto para ser reincorporado a un ciclo de producción.

12. Estímulo que se ofrece a una persona, grupo o sector de la economía.

13. Proceso por el que algunas empresas trasladan producciones a países con menores costes para asegurarse un margen de beneficio mayor (horizontal).

14. Perjudicial, nocivo (vertical).

15. Fuentes de energía que proceden de materia que fue orgánica en tiempos antiguos, como el petróleo o el carbón: combustibles ...

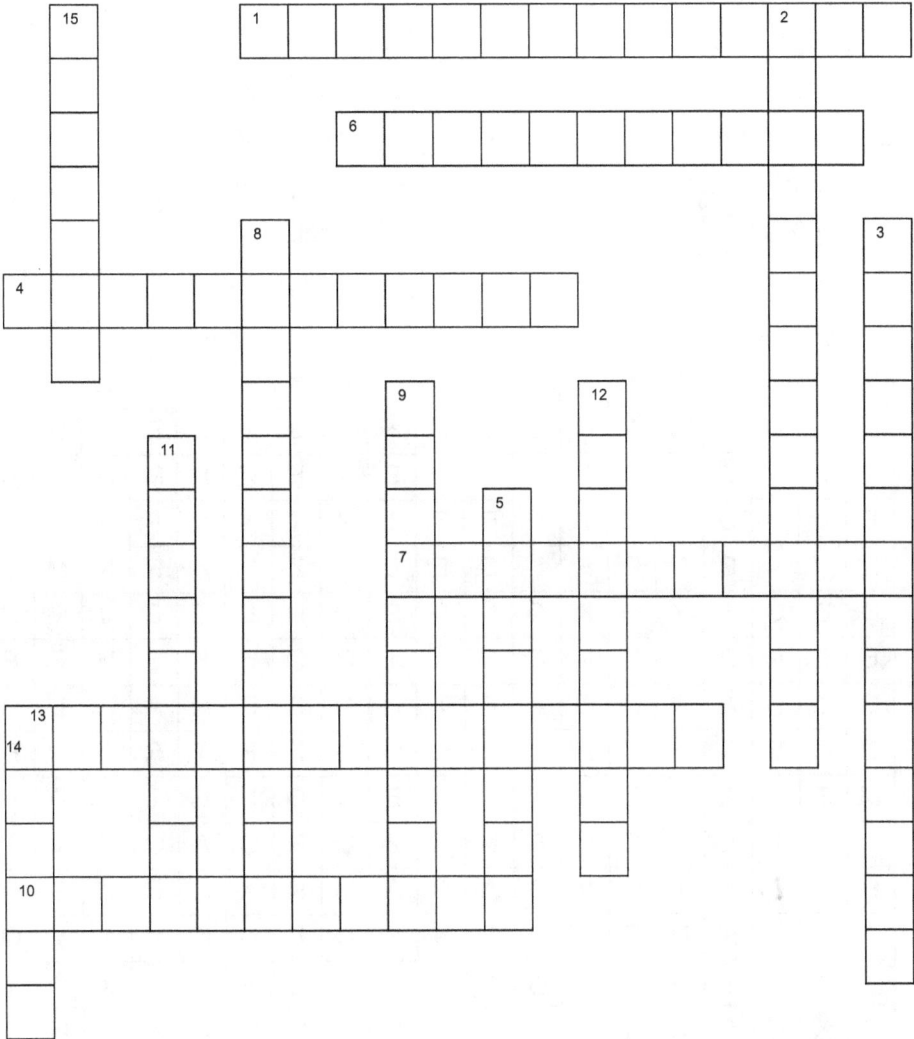

11 LA INFLACIÓN -
EL ÍNDICE DE PRECIOS DE CONSUMO (IPC)

I. En esta sopa de letras se encuentran traducciones de cada uno de estos términos (horizontal, vertical y diagonal):

1. Ausgaben der öffentlichen Hand
2. Inflationsrate
3. Wirtschaftssubjekte
4. Kaufkraft
5. Warenkorb
6. Gewichtung
7. Basisinflation
8. Haushalte
9. Lohnerhöhung
10. Unternehmer
11. schleichend
12. galoppierend
13. Einkommen

P	U	U	V	T	I	I	I	A	T	O	B	K	R	L	Q	W	L	O
O	Z	D	V	N	A	N	C	T	H	H	X	J	Y	U	E	V	D	G
D	L	Y	S	M	B	S	G	L	O	E	K	H	Z	H	M	A	C	A
E	E	H	U	C	M	M	A	R	R	I	Z	T	X	L	P	M	A	S
R	I	P	B	C	R	R	L	D	E	L	R	Z	R	A	R	K	M	T
D	D	O	I	Y	M	K	O	N	E	S	O	H	L	T	E	J	M	O
E	E	N	D	X	O	K	P	F	A	I	O	Q	H	E	S	H	F	P
C	I	D	A	R	B	O	A	E	X	H	N	S	S	N	A	W	L	Ú
O	N	E	S	F	G	P	N	S	C	O	S	F	F	T	R	A	H	B
M	T	R	A	A	L	G	T	H	H	E	C	O	L	E	I	E	D	L
P	H	A	L	R	C	H	E	N	R	Z	Q	R	O	A	O	Z	I	I
R	E	C	A	I	V	V	O	A	Ö	A	M	K	A	Z	C	Z	Z	C
A	Z	I	R	D	T	J	G	G	R	F	Q	L	O	N	M	I	Y	O
L	O	Ó	I	D	K	O	O	G	G	H	J	L	W	J	N	K	Ó	N
M	X	N	A	Q	H	X	U	K	U	R	M	O	C	L	Z	T	G	N
I	N	F	L	A	C	I	Ó	N	S	U	B	Y	A	C	E	N	T	E
C	E	S	T	A	D	E	L	A	C	O	M	P	R	A	H	T	F	B
A	G	E	N	T	E	S	E	C	O	N	Ó	M	I	C	O	S	Q	E
S	Z	Z	E	T	T	N	R	L	X	T	R	W	W	O	W	C	Q	H

II. Decida si estas afirmaciones son verdaderas o falsas:

1. Según algunos economistas, un proceso inflacionista puede iniciarse cuando alguno de los agentes económicos intenta mejorar su posición en el mercado.
   V/F

2. Se aplica el término inflación subyacente a la inflación que se calcula sin los productos que están expuestos a subidas más bruscas de precios como los alimentos perecederos o los productos derivados del petróleo.
   V/F

3. Los trabajadores exigen subidas salariales que tengan en cuenta la inflación asegurándose así de no perder capacidad adquisitiva. Con esta actitud contribuyen a frenar la tendencia inflacionista.
   V/F

4. La inflación en un país puede llevar consigo un desequilibrio en su balanza comercial si baja el tipo de cambio de la moneda nacional y aumentan las importaciones.
   V/F

5. La inflación perjudica de manera especial a las personas que reciben las rentas más altas.
   V/F

6. Por ser los productos más comunes en una familia tipo, todos los productos que forman la cesta de la compra mediante la que se calcula el IPC tienen la misma importancia.
   V/F

III. Complete los comienzos de las frases con los finales adecuados:

1. Si se produce un aumento de la inflación por encima de lo previsto,

2. En las negociaciones colectivas los trabajadores suelen exigir un aumento salarial

3. La hiperinflación puede tener graves consecuencias,

4. Para el cálculo de la inflación

5. El IPC indica el aumento nominal de los precios, pero además es de fundamental importancia

6. La inflación se puede dar porque el Estado financia su gasto público a través de

7. La inflación subyacente se obtiene eliminando del IPC

a) se observa el comportamiento de una cesta de compra con unos 500 productos y servicios, ponderados según su importancia en los hogares.

b) el impacto de los artículos con mayores cambios de precios como los productos energéticos y alimentos frescos no elaborados.

c) el gobierno debe reducir el gasto público y aumentar los tipos de interés.

d) la creación (emisión) de dinero que, de esta manera, pierde valor por lo que disminuye el poder adquisitivo de la gente.

e) como por ejemplo la fuga de capitales o la caída del tipo de cambio.

f) para poder calcular el valor real de otras magnitudes como el PIB.

g) para compensar las consecuencias de la inflación y mantener la capacidad adquisitiva.

12 LOS TRIBUTOS -
EL IMPUESTO SOBRE LA RENTA DE LAS PERSONAS FÍSICAS (IRPF) -
EL IMPUESTO SOBRE EL VALOR AÑADIDO (IVA) -
LA PRESIÓN Y EL FRAUDE FISCAL

I. Relacione los siguientes términos con sus definiciones:

1. Tasa:	a) Prestación monetaria que el Estado u otro ente público exige a los contribuyentes con el fin de obtener recursos para financiar el gasto público. Se clasifican en impuestos, tasas y contribuciones.
2. Tributo:	b) Es el tributo que se paga por la realización de obras públicas o de actividades estatales (por ej., cuando se construye el suministro de agua de una nueva urbanización, los vecinos están obligados a participar en los gastos).
3. Contribución:	c) Es el tributo que se paga por la prestación efectiva de un servicio público individualizado (por ej., solicitar un pasaporte).
4. Impuesto:	d) Tributo sin contraprestación exigido por el Estado.

II. Clasifique estos tributos según sean directos (D) o indirectos (I):

		D	I
a)	Impuesto sobre sociedades		
b)	Impuesto sobre actividades económicas		
c)	Impuesto sobre transmisiones patrimoniales		
d)	Impuesto sobre sucesiones y donaciones		
e)	IRPF		
f)	Impuesto especial sobre bebidas alcohólicas		
g)	IVA		
h)	Aranceles		
i)	Impuesto sobre el patrimonio		

III. Busque la respuesta correcta entre las tres opciones:

1. Las contribuciones de los trabajadores asalariados a la Seguridad Social las pagan en parte la empresa y en parte el propio trabajador mediante las .... que se hacen de su salario bruto.
   a) desgravaciones   b) imposiciones   c) retenciones

2. Al hacer la .... de la renta, hay que incluir los rendimientos del trabajo y demás ingresos y luego aplicar las deducciones y desgravaciones correspondientes.
   a) declamación   b) declaración   c) reclamación

3. En el cálculo del IRPF se pueden deducir de la .... ciertos gastos previstos por la ley.
   a) base imponible   b) base calculatoria   c) base de deducción

4. Puesto que en muchos casos los pagos anticipados o retenciones superan el IRPF calculado en la declaración de la renta, al final se produce una .... al contribuyente.
   a) devaluación   b) devolución   c) depreciación

5. El IRPF en España es un impuesto de tipo ...., es decir, un impuesto que capta un porcentaje del ingreso cada vez mayor, a medida que éste aumenta.
   a) progresista   b) creciente   c) progresivo

IV. Complete la noticia con las traducciones correspondientes:

a) Weißwaschen

b) Mehrwertsteuer

c) Körperschaftssteuer

d) (Steuern) hinterziehen

e) Einkommenssteuer

f) erwerben (imperfecto)

g) versteuern (gerundio+ pronombre)

Oro negro en Córdoba - *Cae una red acusada de* ....

(1) 158 millones traficando con el metal precioso

La red .... (2) el metal precioso, oro fino de 999,9

milésimas, en Suiza. Lo introducía en España .... (3)

como inversión, con lo que estaba exento del pago del

.... (4). Según la policía, la siguiente escala era

Barcelona, donde también existe un potente mercado de metales

preciosos. Allí se simulaba la venta del oro a una serie de sociedades

fantasma. Pero los verdaderos destinatarios eran mayoristas y fabricantes

que lo adquirían por debajo del precio de mercado para volver a venderlo

o para fabricar joyas. La Agencia Tributaria cifró el fraude en 154 millones

de euros: no eran abonados el IVA, el .... (5) ni el

.... (6). Además, también se le imputa a la red los

delitos de falsedad en documento mercantil, delito contable y

.... (7) de capitales.

V. Complete el cuadro, teniendo en cuenta que en algunas casillas debe haber dos palabras y otras van a quedar vacías:

sustantivo	sustantivo agente	verbo	adjetivo
		recaudar	
			impositivo
el tributo la tributación			
	el contribuyente		
la declaración			
el fraude		defraudar	
			presupuestario

13 LA POLÍTICA FISCAL Y LA POLÍTICA PRESUPUESTA-RIA

I. Busque un final lógico para cada una de las frases:

1. La política presupuestaria de un país presenta dos vertientes bien diferentes,
2. La política fiscal se encarga de la financiación del gasto público
3. El Presupuesto General del Estado
4. Si los gastos del Estado superan sus ingresos, es decir, en el caso de un déficit público,
5. Si el objetivo de una política económica es favorecer a los más necesitados

a) contempla las necesidades de la Hacienda Pública para el siguiente ejercicio, es decir, supone una valoración económica del programa de actuación del gobierno.
b) la obtención de los recursos económicos necesarios para hacer frente a las necesidades del sector público, y la planificación y administración de sus gastos.
c) se puede deducir de factores como la progresividad de los tributos o del tipo de impuesto que se aplica al consumo o al ahorro.
d) el Estado puede adaptar su política fiscal, emitir deuda pública o recurrir a otras medidas financieras.
e) usando variables como la cantidad de los tributos, su aplicación sobre particulares o personas jurídicas, su progresividad, su formulación directa o indirecta y los plazos de recaudación para asegurar la estabilidad económica del Estado.

II. Complete el crucigrama con las traducciones de los términos:

1. Gebühr
2. Beitrag
3. Progression
4. Wohlfahrtsstaat: estado del ...

5. Frist

6. Rechnungsposten

7. Ausgabe

8. anpassen (z.B. e. Budget)

9. Begebung v. Staatsschuld:

   emisión de ... (2 pal.)

10. öffentl. Defizit (2 pal.)

11. Budget

12. Verschuldung

13. Einhebung (v. Steuern usw.)

14. belasten (mit Steuern)

15. bewilligen (z.B. e. Budget)

16. Steuer

17. abdecken (z.B. e. Defizit)

18. Abgabe

19. Regierung

20. defizitär

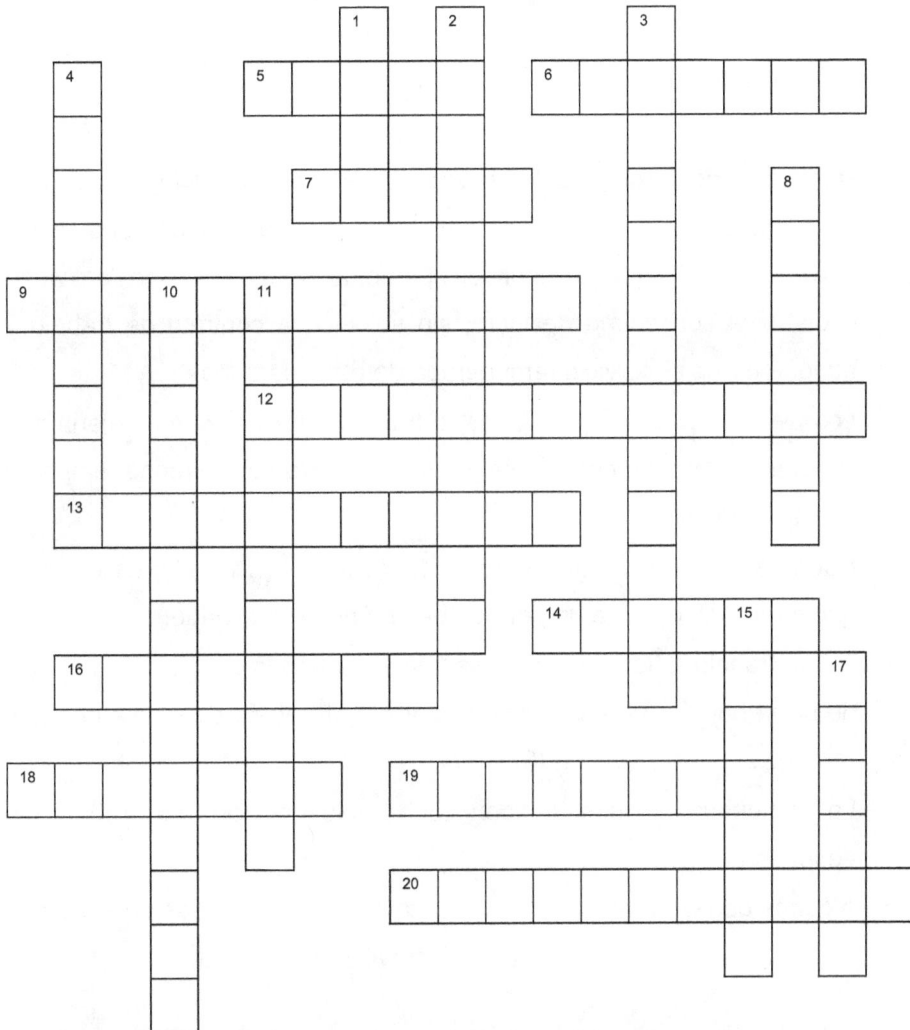

14 LOS TIPOS DE TRABAJO Y LA OCUPACIÓN - LOS CONTRATOS LABORALES - LA POLÍTICA LABORAL

I. Complete el texto con uno de los siguientes términos:

a) empresas de trabajo temporal

b) asalariados

c) economía sumergida

d) convenios colectivos

e) trabajo temporal

f) sueldo

g) despido libre

h) oficinas de empleo

i) trabajo por horas

j) trabajador autónomo

k) salarios

l) trabajador independiente

m) jornada laboral

- Un trabajador por cuenta propia (también llamado ....
  .... o .... (1+2) es una personas física
  que realiza de forma habitual, personal y directa una actividad
  económica con ánimo de lucro, sin sujeción a contrato de trabajo y
  aunque utilice el servicio remunerado de otras personas.

- Los .... (3) o trabajadores por cuenta ajena son
  los que no trabajan por cuenta propia sino para otra persona, empresa
  o institución.

- Cada vez es más común el ....(4), es decir, el
  que se realiza durante un período de tiempo determinado.

- De un trabajo a tiempo parcial se habla cuando la .... (5)
  de un trabajador no es completa (por ej., el trabajo de media jornada,
  .... (6).

- La remuneración que reciben los empleados por su trabajo se
  denomina .... (7).

- Algunas de las características de un mercado laboral desregulado son
  el .... (8) y la movilidad funcional.

- Una consecuencia de la creciente oferta de empleos de duración determinada son las numerosas .... (9), cuya actividad consiste en contratar a trabajadores y ponerlos, con carácter temporal, a disposición de otras empresas.

- Para muchos economistas la .... (10) es una consecuencia de la excesiva regulación de los mercados laborales.

- En países con un mercado de trabajo desregulado domina la con-tratación privada y la importancia de las .... (11) estatales es menor.

- Los .... (12) son contratos celebrados entre un sindicato y un empleador o una asociación de los empleadores. En un principio pueden regular todos los aspectos de la relación laboral (........................... (13) , jornada, descansos, vacaciones, condiciones de trabajo, régimen de despidos, definición de las categorías profesionales, etc.).

II. Busque la respuesta correcta:

1. Empresario y trabajador tienen que .... un documento en el que se establecen las condiciones del trabajo.

    a) inscribir   b) suscribir   c) escribir

2. Si un trabajador tiene derecho o no a cobrar el .... de desem-pleo, depende de si ha cotizado a la Seguridad Social durante el plazo que establece la ley.

    a) salario   b) sueldo   c) subsidio

3. En los países sin despido libre el empresario sólo puede rescindir el contrato del trabajador bajo determinadas circunstancias y pagándole la .... fijada por la ley.

    a) indemnización   b) subvención   c) comisión

4. En el caso de los obreros, es decir, los trabajadores de los sectores primario y secundario, la remuneración se denomina ....

   a) salario   b) sueldo   c) honorario

5. En algunos sectores los obreros son remunerados según la cantidad producida. En estos casos se habla de un trabajo ....

   a) en cadena   b) a destajo   c) por objeto

6. En el modelo del Estado de bienestar el objetivo es conseguir el ...., situación de equilibrio en el mercado laboral en la que solamente existe desempleo friccional.

   a) buen empleo   b) pleno desempleo   c) pleno empleo

III. Complete el artículo con las traducciones de los siguientes términos:

a) Arbeiter und Angestellte (pl.) - ....

b) Unternehmen (sg.) - ....

c) fixe Verträge - ....

d) Arbeitsmarkt - ....

e) feste Anstellungen/Arbeitsplätze - ....

f) unbefristet - ....

g) Teilzeitverträge – contratos a ....

h) arbeits- - ....

i) Kündigung - ....

j) Arbeitslose - ....

k) Pensionierung - ....

l) Halbtagsarbeit – empleo a ....

m) Arbeitslosigkeit - ....

La reforma .... ***(1) crea cerca de un millón de***

.... ***(2) en un año***

La reforma está animando el empleo .... (3), aunque menos de lo que revela el registro oficial de contratos. El Ministerio de Trabajo tiene contabilizados más de dos millones de .... (4) desde que entró en vigor la norma, hace casi un año. Pero los indefinidos que realmente se han dado de alta en ese periodo suman menos de la mitad, 857.305.

La discrepancia responde a que el primer dato no descuenta a los .... (5) que salen del .... (6) por .... o .... (7+8), por un cambio de .... (9). Otros motivos pueden ser: contratos a .... (10) - un solo cotizante fijo puede tener más de un .... (11) -, abandono por enfermedad, etc. Con todo, es la mayor alza de fijos registrada nunca en Seguridad Social.

Más allá de los datos sobre empleo indefinido, la tasa de .... (12) reflejó en mayo un descenso de 49.893 personas respecto a abril. Ese volumen es inferior al de los años precedentes. Con el descenso de mayo, el número de .... (13) vuelve a bajar de los dos millones, algo que no ocurría desde octubre.

15 LOS SINDICATOS Y LAS PATRONALES - LAS NEGOCIACIONES SALARIALES - LA HUELGA

I. Indique si las siguientes afirmaciones son verdaderas o falsas:

1. Las organizaciones que defienden los intereses de los trabajadores por cuenta propia se denominan sindicatos.
V/F

2. El sistema de organización sindical es el mismo en todos los países.
V/F

3. En España existen dos grandes sindicatos, la UGT y CC.OO., que defienden a los trabajadores por cuenta ajena.
V/F

4. Los sindicatos se financian en primer lugar a través de las cuotas sindicales (cantidades que pagan los afiliados).
V/F

5. Los sindicatos (o el sindicato único) de países con dictadura política pueden tener una estructura horizontal; en este caso reúnen tanto a los trabajadores como a los empresarios de un sector.
V/F

6. Los convenios colectivos no suelen ser de carácter general puesto que cada sector (por ejemplo, el del metal, el de la hostelería, etc.) negocia su propio convenio.
V/F

7. Las negociaciones salariales entre sindicatos y patronales en España suelen tener lugar una vez al año pero también pueden pactar convenios para varios años.

V/F

8. El punto más importante de los convenios es la fijación de los incrementos salariales que, como factor clave, tienen en cuenta los cambios producidos en la tasa de desempleo.

V/F

9. Tanto España como Austria cuentan con un sistema de concertación social de tipo global que garantiza la creación de nuevos puestos de trabajo mediante la imposición de moderación salarial.

V/F

10. Cuando en las negociaciones salariales no alcanzan sus reivindicaciones laborales, a las patronales les queda la posibilidad de recurrir a una medida extrema: la convocación de una huelga.

V/F

11. En los países democráticos el derecho a la huelga normalmente es un derecho constitucional de los trabajadores (con muy pocas excepciones).

V/F

II. ¿Recuerda el significado de las siguientes siglas?

a) UGT - ....

b) CC.OO. - ....

c) CEOE - ....

d) CEPYME - ....

III. Un crucigrama:

1. Überstunden (2 pal.)
2. branchenweit
3. Streikrecht (4 pal.)
4. Hungerstreik (huelga …,
   2 pal.)
5. Entlassung
6. Betriebsaussperrung (... empresarial)
7. Bummelstreik (huelga de …,
   2 pal.)
8. Forderung
9. in Streik treten (... en huelga)

10. Streikender
11. Gesundheitswesen
12. Generalstreik (huelga ...)
13. Streikbrecher (sg.)
14. ausrufen (e. Streik)
15. Streikposten (pl., vertical),
    Druck (horizontal)
16. wild
17. Streikbrecher
18. Dienst nach Vorschrift
    (huelga de...)
19. Warnstreik (huelga de ...)

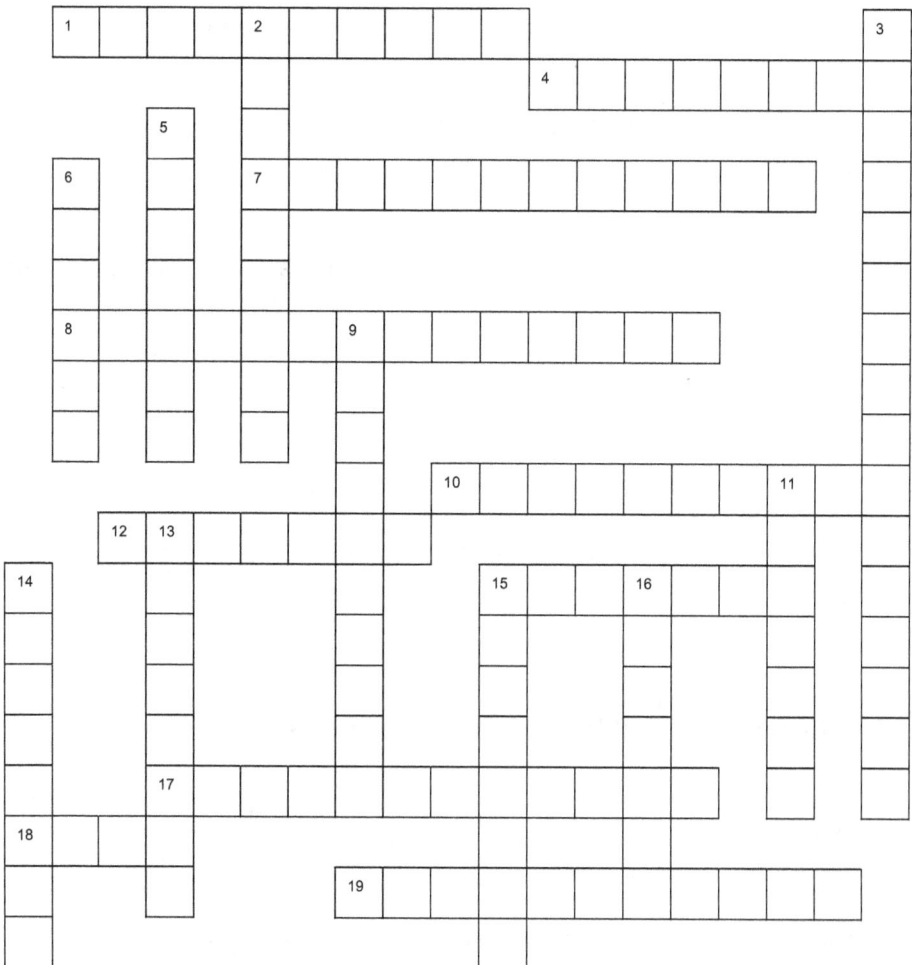

16 LA POBLACIÓN ACTIVA Y LA POBLACIÓN OCUPADA - EL DESEMPLEO O PARO - EL SUBSIDIO DE DESEMPLEO

I. Una estos términos con sus definiciones:

1. EPA

2. Subsidio de desempleo

3. Paro de larga duración

4. Población activa

5. Población ocupada

6. Tasa de paro

7. Salario social

a) El número total de parados en relación a la población activa.

b) Encuesta realizada cada tres meses que determina, sobre una muestra representativa de la población, el número real de parados.

c) La ayuda económica que el desocupado recibe de la Administración durante un período de tiempo y en una cantidad proporcional al salario percibido.

d) El número de habitantes con trabajo remunerado.

e) El número de habitantes con trabajo más los desocupados que buscan activamente una ocupación.

f) Es una prestación económica que conceden algunas autonomías a personas que carecen de recursos suficientes para cubrir sus necesidades básicas. Su percepción conlleva la participación en programas que favorecen la inserción social de las personas en riesgo de exclusión.

g) Situación de desempleo que dura al menos 12 meses consecutivos.

II. Diga si estas afirmaciones son verdaderas o falsas:

1. La tasa de población activa de un país depende exclusivamente de la estructura de su pirámide poblacional.
   V/F

2. Generalmente la mano de obra disponible de un país es mayor que su población activa.
   V/F

3. Aunque no reciban un salario por su trabajo, las amas de casa están contabilizadas en la población activa.
   V/F

4. Está comprobado que el paro afecta con más fuerza a las mujeres, los mayores de 25 años y menores de 45.
   V/F

5. Aunque a simple vista parezca contradictorio, en momentos de crecimiento económico puede aumentar también el número de parados.
   V/F

6. El Instituto Nacional de Empleo paga el subsidio de desempleo a los parados, pero no se encarga de buscarles una nueva ocupación.
   V/F

7. Para cobrar el paro hay que apuntarse en las oficinas de empleo o en las empresas de trabajo temporal.
   V/F

III. Un crucigrama:

1. Arbeitskräfteerhebung (siglas)
2. Erwerbsquote (tasa de …, 2 pal.)
3. Leiharbeitsfirma (empresa de …; 2 pal.)
4. Bevölkerungsstruktur (estructura …)
5. Jugendarbeitslosigkt. (paro …)
6. Arbeitsangebot (oferta de …)
7. Aufschwung
8. Arbeitslosenrate (... de paro)
9. Arbeitslosenunterstützung (... de desempleo)
10. Schattenwirtschaft (economía …)
11. Arbeitslosigkeit
12. Konjunktur (horiz.)
13. Arbeitsvermittlungsagentur (oficina de …; vertic.)
14. Leistungsbezieherquote (tasa de …)
15. Arbeitskräftepotential (… disponible, 3 pal.)
16. Arbeitslosenzahl (…de paro)
17. Frauenarbeitslosigkeit (paro …)

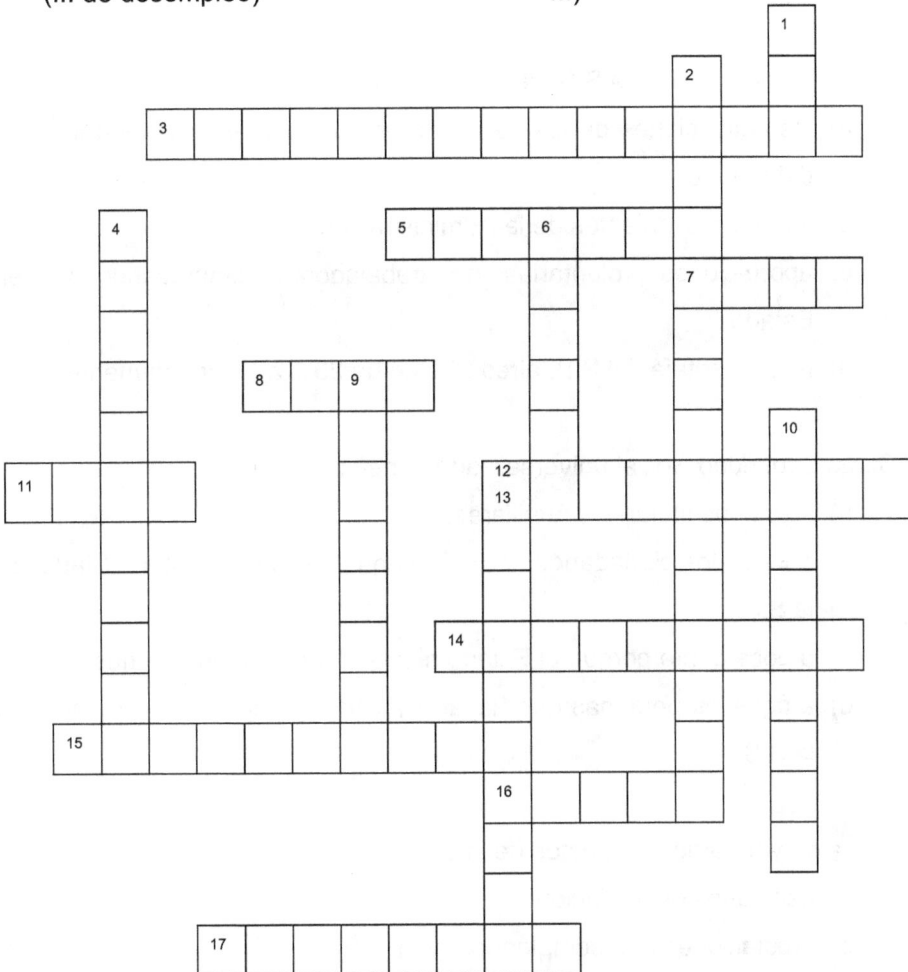

17 LA SEGURIDAD SOCIAL -
LA ASISTENCIA SANITARIA Y LAS PENSIONES DE JU-
BILACIÓN

I. Marque la respuesta correcta para cada enunciado:

1. El sistema de la Seguridad Social (S.S.) estatal proporciona a los ciudadanos del país

   a) la gratuidad de todos los servicios médicos y farmacéuticos.

   b) diversas prestaciones en distintos ámbitos como sanidad, etc.

   c) el Estado de Bienestar.

   d) fondos privados de pensiones.

2. La financiación de la S.S. se produce a través de

   a) las cotizaciones de los trabajadores y empresarios y aportaciones del Estado.

   b) fondos provenientes de la Administración.

   c) aportaciones voluntarias de trabajadores, empresarios y del Estado.

   d) un porcentaje del PIB, alrededor de un 20% aproximadamente.

3. La Seguridad Social universalizada beneficia

   a) sólo a los titulares y familiares.

   b) a todos los ciudadanos, incluso a aquellos que no estén afiliados a la S.S.

   c) a poca gente porque el Estado ni interviene ni aporta fondos.

   d) a aquellas personas que hayan cotizado un mínimo de dos años a la S.S.

4. La mayor partida de gastos de la S.S. son

   a) pensiones de jubilación.

   b) prestaciones a desempleados.

c) servicios médicos.

d) recuperación profesional y rehabilitación.

5. La pensión de jubilación

   a) puede cobrarla toda persona mayor de 65 años.

   b) la cobran únicamente las personas que durante la vida activa han cotizado.

   c) proporciona a todos los jubilados la posibilidad de vivir sin preocupaciones económicas.

   d) permite al trabajador suscribir fondos privados de pensiones.

6. El problema del mantenimiento de un sistema de S.S. universal en muchos países europeos es

   a) el considerable aumento de los seguros sanitarios privados.

   b) la falta de conciencia social por parte de los empresarios.

   c) la reducción paulatina del número de cotizantes.

   d) la reducción de prestaciones.

7. La jubilación anticipada es

   a) la que reciben las amas de casa a partir de los 50 años si tienen como mínimo tres hijos.

   b) un aumento voluntario de la cotización para cobrar más en el retiro.

   c) la jubilación antes de la edad prevista por la ley.

   d) un adelanto sobre la pensión que se percibe durante la vida activa.

II. Sopa de letras (horizontal, vertical y diagonal)

1. Wohlfahrtsstaat (3 pal.)
2. Gesundheitswesen
3. Mittel
4. Beitragszahlung
5. Budget
6. Beitragszahler
7. Überalterung
8. Ausgaben für das Gesundheitswesen (2 pal.)
9. (medizin.) Behandlung
10. Versicherte(r)
11. Leistung
12. Ausgabenposten (3 pal.)
13. (Pension) beziehen
14. Pensionsalter (3 pal.)
15. Invalidität
16. Arbeitsunfähigkeit (2 pal.)
17. Witwenpension (3 pal.)
18. Waisenpension (3 pal.)

P	N	C	D	I	J	Z	O	F	O	J	A	E	S	U	H	B	M	E
P	R	E	S	T	A	C	I	Ó	N	F	S	R	W	U	U	B	C	Q
U	A	N	L	F	E	S	G	K	N	M	M	R	M	W	G	D	C	T
D	T	H	T	I	T	U	L	A	R	C	O	T	I	Z	A	N	T	E
W	P	W	R	X	Z	K	W	Z	Z	Z	Q	C	X	B	U	Y	R	V
M	I	N	C	A	P	A	C	I	D	A	D	L	A	B	O	R	A	L
P	E	N	S	I	Ó	N	D	E	V	I	U	D	E	D	A	D	T	L
H	A	V	C	C	S	A	N	I	D	A	D	Y	G	U	R	I	A	E
E	N	V	E	J	E	C	I	M	I	E	N	T	O	P	C	N	M	M
H	A	S	W	Q	O	D	Y	A	G	M	G	W	I	F	D	V	I	Z
G	A	S	T	O	S	S	A	N	I	T	A	R	I	O	S	A	E	X
E	T	L	O	O	D	G	L	K	K	Y	C	F	Y	Q	C	L	N	T
E	D	A	D	D	E	J	U	B	I	L	A	C	I	Ó	N	I	T	L
P	E	N	S	I	Ó	N	D	E	O	R	F	A	N	D	A	D	O	C
A	O	Z	K	R	W	N	N	L	F	W	Q	E	Q	T	Y	E	I	O
F	P	S	U	C	O	T	I	Z	A	C	I	Ó	N	V	P	Z	I	B
E	S	T	A	D	O	D	E	B	I	E	N	E	S	T	A	R	F	R
P	A	R	T	I	D	A	D	E	G	A	S	T	O	S	R	X	Q	A
R	W	S	P	R	E	S	U	P	U	E	S	T	O	R	T	B	F	R

18 LA ECONOMÍA SUMERGIDA

I. Determine cuál es la respuesta correcta en cada uno de los siguientes enunciados:

1. La economía sumergida, también conocida como economía paralela, se concentra básicamente en
   a) el tráfico de drogas y el contrabando.
   b) la agricultura, la construcción, la industria ligera y los servicios domésticos.
   c) los trabajadores con contrato temporal.
   d) las labores de las amas de casa.

2. La economía sumergida es negativa para el Estado por varias razones, entre ellas porque
   a) en la gran mayoría de los contratos se establece que el despido es libre.
   b) tiene relaciones muy estrechas con la delincuencia.
   c) ayuda a los inmigrantes ilegales.
   d) no se pagan ni impuestos ni cotizaciones a la Seguridad Social y se originan grandes cantidades de dinero negro.

3. La economía sumergida está (parcialmente) tolerada por el Estado porque
   a) no es del todo ilegal.
   b) favorece la economía real.
   c) permite ahorrar costes a la Seguridad Social.
   d) afecta directamente a las finanzas públicas al implicar un menor volumen de recaudación.

4. La industria ligera, rama en la que frecuentemente se da economía sumergida, incluye

a) ultraligeros.

b) todo tipo de artículos que sean ligeros.

c) productos dietéticos.

d) los ramos que fabrican bienes de uso y consumo particular como textil, calzado, juguetes, etc.

5. Los trabajadores empleados en la economía sumergida

a) casi siempre reciben un salario por horas trabajadas.

b) pagan sus cotizaciones a la Seguridad Social según un régimen especial.

c) suelen trabajar a destajo, o sea, cobran por producto producido o recogido.

d) gozan de un horario flexible.

6. A quien más favorece la economía sumergida es

a) a las empresas.

b) al Estado.

c) a los trabajadores.

d) a los jubilados y menores.

7. A un trabajo de mala calidad se lo denomina

a) chapapote.

b) chapuza.

c) chapuzón.

d) chapoteo.

19 LA EMPRESA

I. Enlace estos términos con su traducción:

1. Belegschaft	a) sin ánimo de lucro
2. Rohstoffe	b) aprovisionamiento
3. Klein- und Mittelbetriebe	c) propietarios
4. Aktiengesellschaft	d) empresas públicas
5. gemeinnützig	e) materias primas
6. öffentliche Unternehmen	f) plantilla
7. Eigentümer	g) pymes
8. Beschaffung	h) sociedad anónima

II. Ahora incluya estos mismos términos en el lugar adecuado:

- La empresa utiliza capital, trabajo y .... (1) para producir bienes.

- La Unión Europea considera a las empresas cuya .... (2) no excede de 250 trabajadores como .... (3), y por su importancia en el tejido empresarial de los países industrializados sus .... (4) obtienen más fácilmente créditos que las grandes empresas.

- Muchos gobiernos consideran la privatización de las .... (5) como una medida de lucha contra el déficit público.

- En una empresa el departamento encargado de negociar con los distintos proveedores es el que realiza la función de .... (6).

- La .... (7) es una de las formas jurídicas que puede adoptar una empresa de gran tamaño.

- No todas las empresas tienen como objetivo principal la obtención de un beneficio. Las empresas .... (8) intentan en primer lugar paliar diferencias socio-económicas.

20 LA SOCIEDAD ANÓNIMA Y LA SOCIEDAD LIMITADA - LA SOCIEDAD COLECTIVA Y LA SOCIEDAD COMANDI- TARIA - LA SOCIEDAD COOPERATIVA Y LA SOCIEDAD ANÓNI- MA LABORAL

I. Fíjese en este caso:

Los quince alumnos de la clase de informática han desarrollado un nuevo programa y piensan que puede tener mucho éxito en el mercado. Para producir y comercializar el programa analizan distintas alternativas.

Mire las siguientes alternativas y señale la respuesta correcta:

1. Si todos aportan 5.000 euros, ¿pueden formar una sociedad anónima?
   a) Sí, porque superan el capital mínimo.
   b) No, porque es muy poco capital social.

2. Si algunos de los alumnos no pueden aportar dinero, pero se comprometen a trabajar en el proyecto, ¿pueden formar una sociedad colectiva?
   a) Sí. Los alumnos que no aporten dinero pueden participar como socios industriales.
   b) No, porque todos los socios deben aportar una cantidad mínima.

3. Si finalmente deciden fundar una sociedad limitada en la que todos serán socios con igual responsabilidad y sólo aportan 1.000 euros cada uno, ¿pueden convertirse sus aportaciones en acciones?
   a) No. Las acciones quedan restringidas a la sociedad anónima y la sociedad comanditaria por acciones.
   b) Sí. En la sociedad limitada pueden existir acciones aunque haya poco capital social.

4. Si deciden formar una sociedad limitada y la sociedad crece mucho, ¿podrán venderse las participaciones en la bolsa?

a) No. En la bolsa no se intercambian participaciones de sociedades limitadas.

b) Sí. Cuando la sociedad limitada es muy grande no hay ningún problema para que cotice en bolsa.

5. Si se organizan como una sociedad anónima y una multinacional americana convence a ocho de los quince alumnos para que le vendan sus acciones, ¿qué ocurrirá en la junta general de accionistas?

a) Los alumnos fundadores continuarán teniendo la mayoría en el consejo de administración.

b) La mayoría de los votos de la junta general de accionistas los controla la multinacional y puede cambiar el consejo de administración.

6. Si el consejo de administración decide que durante los próximos cinco años todos los beneficios se reinvertirán en la empresa, ¿puede la junta general de accionistas cambiar el acuerdo?

a) Sí, porque al final de cada ejercicio la junta general aprueba las cuentas y decide cómo repartir los beneficios.

b) No. La junta no puede decidir sobre lo que el consejo ha acordado.

7. Si los alumnos deciden crear una cooperativa, porque así conseguirán importantes ventajas fiscales, ¿cómo se repartirán los beneficios?

a) Se repartirán en función de la aportación de cada uno.

b) Se repartirán según el trabajo realizado en la sociedad, es decir, según las horas trabajadas.

II. Rellene el siguiente orden del día con estos elementos:

a) capital social   b) administrador   c) consejo de administración

d) junta general   e) dividendo   f) accionistas

AULA DE INFORMÁTICA, S.A.

Convocatoria de la .... (1) de accionistas

Por acuerdo de los administradores de la sociedad se convoca a los señores .... (2) a la junta general a celebrar, en primera convocatoria, a las doce horas del día 30 de este mes en el domicilio social, calle del Comercio, s/n, y en segunda convocatoria el día siguiente a la misma hora y en el mismo lugar.

Orden del día

Primero: Aprobación de las cuentas del ejercicio.

Segundo: Aprobar la ampliación del .... (3) de 30 millones de euros a 40 millones.

Tercero: Acuerdo de distribución de un .... (4) a cuenta de los beneficios del ejercicio.

Cuarto: Facultar al Consejo de Administración para nombrar un .... (5) que represente a Aula de Informática, S.A. ante terceros.

Quinto: Renovación o, en su caso, elección de los miembros del .... (6).

Sexto: Redacción y aprobación del acta.

21 LA CONTABILIDAD

I. Enlace estos términos con su traducción:

1. Libro diario	a) Vermögenssituation
2. Situación Patrimonial	b) Jahresabschluss
3. Registro Mercantil	c) Journal
4. Cuentas anuales	d) Gewinn- und Verlustrechnung
5. Libro mayor	e) Firmenbuch
6. Cuenta de pérdidas y ganancias	f) Rechnungsjahr
7. Ejercicio contable	g) Hauptbuch
8. Acreedor	h) Gläubiger

II. Ahora relaciónelos con las siguientes explicaciones:

...... (1):   Registra cronológicamente las operaciones realizadas en la empresa

...... (2):   Persona/institución a la que la empresa debe dinero

...... (3):   Lista de las empresas existentes en un país

...... (4):   Período de 12 meses en contabilidad

...... (5):   Todo lo que posee y todo lo que debe la empresa en un momento determinado

...... (6):   Debe contener el balance, la cuenta de pérdidas y ganancias y una memoria

...... (7):   Resume las operaciones de la empresa en forma de cuentas

...... (8):   Muestra si la empresa tiene beneficios o no

22 EL BALANCE Y LA CUENTA DE PÉRDIDAS Y GANAN-
CIAS

I. Asigne a cada uno de estos tres términos una de las funciones siguientes:

1. El activo de un balance
2. El pasivo de un balance
3. La cuenta de pérdidas y ganancias

a) expresa, entre otras cosas, los fondos propios y los fondos ajenos de que dispone una empresa.

b) refleja, entre otras cosas, los gastos que ha tenido una empresa en el ejercicio.

c) refleja, entre otras cosas, las inversiones a corto, medio y largo plazo que la empresa ha realizado.

II. Clasifique los términos siguientes según entran en:

1. . activo fijo de un balance: ....
2. . activo circulante de un balance: ....
3. . pasivo de un balance: ....
4. . cuenta de pérdidas y ganancias: ....

a) propiedad de terrenos

b) ingresos por ventas

c) maquinaria

d) resultado operativo

e) gastos de personal

f) existencias

g) fondos propios

h) deudas con instituciones financieras

i) reservas

j) pérdidas financieras

k) cobro de intereses

l) impuesto de sociedades

23 LA FACTURACIÓN, LA CIFRA DE VENTAS Y LA CIFRA DE NEGOCIOS

I. **Traduzca los términos y complete el texto con ellos:**

a) bar - ....

b) ordentliche Geschäftstätigkeit - ....

c) Geschäftsjahr - ....

d) Skonti - ....

e) einnehmen (participio) - ....

f) Mengen - ....

g) Umsatzerlös - ....

h) Rechnungen - ....

i) Unternehmensgegenstand - ....

j) Betrag - ....

k) Rückerstattungen - ....

l) Absatz - ....

La facturación es el .... (1) total de todas las .... (2) emitidas por la empresa en el .... (3). Sin embargo, como esta cifra ni toma en consideración los .... (4) ni todas las facturas se cobran .... (5), la facturación no es la suma del dinero .... (6) por la empresa. Para conocer el volumen de los ingresos efectivos hay que mirar la .... (7) que representa el valor de lo ingresado por el .... (8) de la empresa, es decir, de las actividades que constituyen el .... (9) de la empresa. A diferencia de la facturación, la cifra de negocios sí toma en cuenta los descuentos por pronto pago así como las .... (10). A una perspectiva un poco diferente corresponde el término .... (11) de ventas que muchas veces no se refiere a sumas de dinero sino a .... (12) de productos vendidos.

II.   Una cada término con su definición:

1. facturación	a) la suma del valor de los pedidos que los clientes han hecho a la empresa.
2. cifra de negocios	b) actividad mercantil para cuya realización se constituye la sociedad.
3. letra de cambio	c) adelanto de una deuda (por ej., una letra de cambio) por parte de un banco contra pago de una comisión.
4. cifra de ventas	d) reducción del precio si el comprador realiza el pago al contado o poco después de haber recibido la mercancía.
5. descuento bancario	e) porcentaje que cobra el banco como remuneración por un servicio prestado.
6. descuento por pronto pago	f) recipiente o envoltura que sirve para agrupar y proteger productos para su transporte y almacenamiento.
7. objeto social	g) los ingresos totales de una empresa por la venta de sus servicios o productos.
8. comisión	h) restos de materiales inservibles en los procesos de producción de una empresa.
9. embalaje	i) el valor total de las facturas emitidas por la empresa en el ejercicio.
10. residuo	j) medio de pago que sirve para liquidar deudas comerciales.

24 LAS AMORTIZACIONES Y EL CASH-FLOW

I. Determine cuál es la respuesta correcta en cada caso:

1. En contabilidad, "amortización de un bien" hace referencia

    a) a la devolución de la suma total del importe del bien.

    b) al precio de compra del bien menos los gastos de depreciación.

    c) al gasto que supone la compra del bien.

    d) a la pérdida de valor del bien.

2. Las cuotas de amortización de un bien se determinan a partir de

    a) disposiciones legales.

    b) los gastos de la empresa.

    c) los beneficios de la empresa.

    d) la gestión empresarial.

3. El cash-flow o flujo de caja es

    a) la suma de los beneficios netos y amortizaciones.

    b) la suma de los beneficios antes de impuestos y amortizaciones.

    c) independiente de las amortizaciones.

    d) una suma que aparece en la cuenta de pérdidas y ganancias.

4. El valor de adquisición de un bien

    a) no se registra en el balance.

    b) es el precio de compra.

    c) indica el valor de dicho bien a lo largo de su vida útil.

    d) disminuye con el tiempo aunque no se registre contablemente.

5. Desde el punto de vista financiero, se entiende por amortización la

    a) financiación de un bien.

    b) depreciación de un bien.

    c) disminución del valor de adquisición de un bien.

    d) devolución de un crédito.

6. La cuenta de pérdidas y ganancias no refleja la capacidad real de la empresa de generar recursos puesto que

   a) no incluye el capital social de la empresa.

   b) las empresas tienden a exagerar los datos.

   c) los beneficios ya han sido reducidos por las amortizaciones.

   d) del resultado se deducen los impuestos sobre los beneficios de la sociedad.

II. En la sopa de letras se encuentra escondida la traducción al español de las siguientes palabras. ¿Sabría localizarlas? (Cuidado algunas palabras están escritas al revés.)

   a) Bilanz b) abschreiben c) Gut

   d) Frist e) Quote f) Gewinne

O	A	Z	N	E	I	B	X	L	S	R
B	A	L	A	N	C	E	E	F	O	C
P	L	A	Z	A	A	E	X	Z	T	U
P	L	A	Z	O	R	L	A	O	Z	O
B	E	N	E	F	P	L	A	N	M	T
I	E	N	B	Q	P	Ñ	L	N	A	A
R	A	Z	I	T	R	O	M	A	C	P
V	U	N	B	E	N	U	Z	X	L	E
S	O	I	C	I	F	E	N	E	B	D

25 LA COMPETITIVIDAD Y LA PRODUCTIVIDAD

I. **Complete el cuadro siguiente y explique en qué consiste la diferencia (de sentido, de forma...) en aquellos casos en los que ha detectado más de una solución.**

verbo	adjetivo	sustantivo-acción/situación	sustantivo-capacidad/calidad de	sustantivo-actor
		competencia/ competición		
			productividad/ producibilidad	
	ofertado/ ofrecido			
				sustituto

II. **Forme los compuestos juntando elementos de cada columna**

1.	estructura	a) los gastos
2.	volumen	b) intensivas
3.	materias	c) la demanda
4.	costes	d) primas
5.	capital	e) de costes
6.	captar	f) en el mercado
7.	entrar	g) de producción
8.	mano	h) laborales
9.	reducir	i) productivo
10.	proceso	j) de obra

26 LAS CONCENTRACIONES EMPRESARIALES –
LA ADQUISICIÓN Y FUSIÓN DE EMPRESAS

I. Traduzca estos términos al español:

    a) Fusionierungen - ....

    b) Aktien - ....

    c) Tochterfirmen - ....

    d) Grundkapital - ....

    e) öffentliches Übernahmeangebot (sigla) - ....

    f) erwerben - ....

    g) Übernahmen - ....

II. Y ahora, con las traducciones, complete el siguiente texto:

El futuro está en América

El nuevo presidente del consejo de administración de la empresa NOMECONOCERÁS S.A., el señor Jorge Mandamucho, ha anunciado hoy que, después de la .... (1) sobre la empresa Sinnombre S.A., de la que el grupo espera tener más de un 90% de las .... (2), la futura estrategia prevé nuevas adquisiciones centradas, en primer lugar, en el mercado latinoamericano a través de una de sus nuevas .... (3).

Según ha declarado Mandamucho en una rueda de prensa, "ya no quedan buenas oportunidades para .... (4) socie-dades en España, por lo que pensamos concentrarnos ahora en Latino-américa bien mediante .... (5), bien mediante .... (6) con empresas ya establecidas." Para financiar estas operaciones, se está pensando en otra ampliación del .... (7), pero tampoco se descartan otras modali-dades de financiación.

III. ¿Se acuerda del significado de las siguientes siglas?

1. OPA: ....

2. PYMEs: ....

3. UTE: ....

IV. Relacione los siguientes tipos de concentración empresarial con sus características:

Tipos:

1. CÁRTEL

2. CONSORCIO

3. JOINT VENTURE

Características:

a) Colaboración de empresas de un mismo sector.

b) Su objetivo es la comercialización de un producto en un nuevo merca-do.

c) Colaboración de empresas de distintos sectores.

d) Su objetivo es, en muchos casos, el desarrollo de proyectos inter-nacionales de grandes dimensiones.

e) Colaboración de dos (o más) empresas, una de ellas nacional y otra extranjera.

f) Su objetivo es impedir una situación de competencia.

27 LA GLOBALIZACIÓN

I. Forme los términos compuestos juntando elementos de las dos columnas:

A	B
1. empresas	a) Tobin
2. propiedad	b) tecnológico
3. inversión	c) financieras
4. progreso	d) multinacionales
5. comercio	e) anti-globalización
6. transacciones	f) internacional
7. movimiento	g) extranjera
8. Tasa	h) intelectual

II. Complete el crucigrama con las traducciones de los siguientes términos:

1. Seefrachtkosten (vertic.)
2. Verbilligung
3. Konvertierbarkeit
4. Investition
5. Übernahme
6. Deregulierung
7. Privatisierung
8. Informationsverarbeitung: ... de información
9. Freihandel (2 pal.)
10. verarbeitete Produkte: productos ...
11. steigende Tendenz: tendencia al ...
12. Währung
13. Konsumgewohnheiten: ... de consumo
14. Sinónimo de "globalización"

15. Arbeitsteilung: ... del trabajo

16. Welthandel (2 pal.)

17. Urheberrecht: derecho de ... intelectual

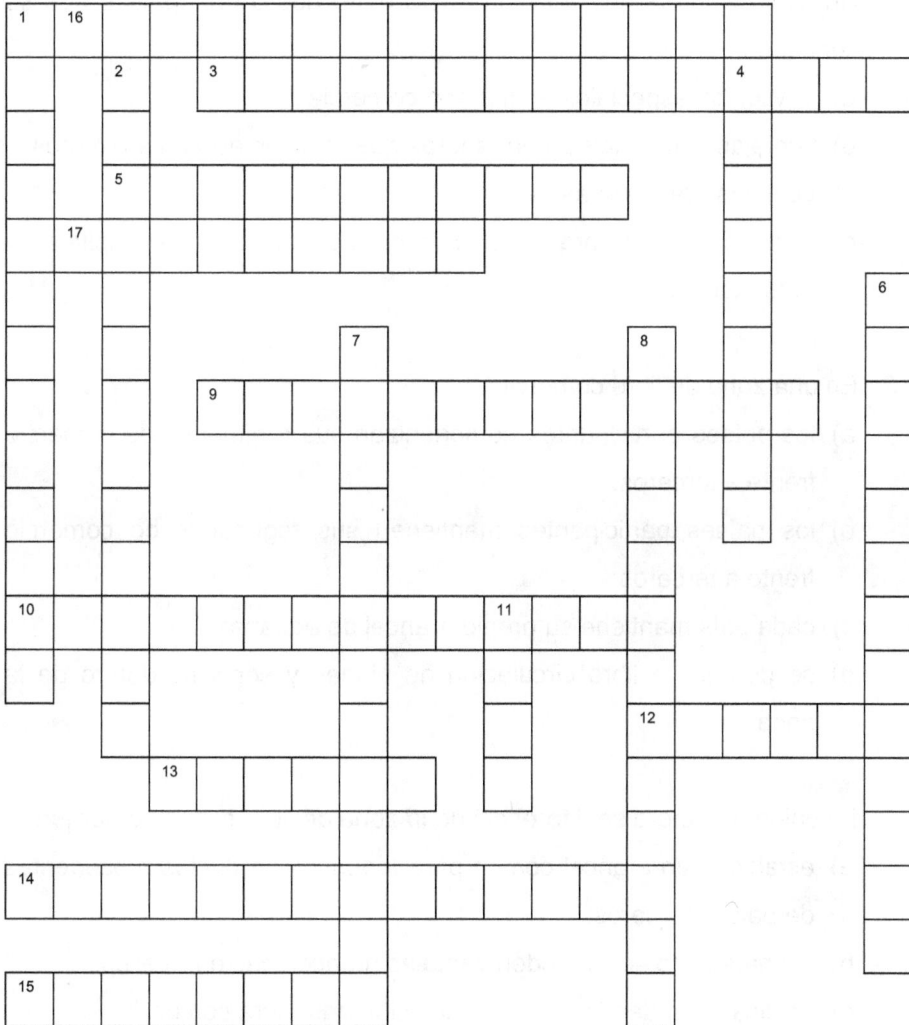

28 LA INTEGRACIÓN ECONÓMICA

I. **Marque las características correspondientes a cada nivel de integración económica. Según el nivel, puede haber una o más respuestas correctas.**

1. Un acuerdo preferencial es un pacto entre dos o más países que se conceden
   a) privilegios especiales en materia comercial.
   b) ventajas comerciales y aduaneras que también aplican a terceros.
   c) ventajas arancelarias.
   d) el derecho a la libre circulación de bienes, servicios, capitales y personas.

2. En una zona de libre comercio
   a) los países participantes homogenizan sus regímenes de comercio frente a terceros.
   b) los países participantes mantienen sus regímenes de comercio frente a terceros.
   c) cada país mantiene su propio arancel de aduanas.
   d) se permite la libre circulación de bienes y servicios dentro de la zona.

3. La unión aduanera se diferencia de la zona de libre comercio porque
   a) establece un arancel común para todos los productos procedentes de países terceros.
   b) los países no se conceden ventajas arancelarias entre ellos.
   c) implica la fundación de una institución aduanera común.
   d) permite la libre circulación de los factores de producción.

4. Una unión económica
   a) supone un proceso de armonización a nivel institucional.

b) permite la libre circulación de bienes, servicios, capitales y personas.

c) es un mercado común de las economías integrantes.

d) supone cesiones de soberanía por parte de los estados miembros.

5. La diferencia entre una unión económica y la unión económica y monetaria (UEM)

a) radica en la obligación de todos los países de aportar importantes cantidades de sus monedas nacionales al Banco Central en el caso de la UEM.

b) es poco importante.

c) radica en la adopción de una moneda única.

d) es que en una UEM los estados miembros adoptan una política monetaria común.

6. La unión política

a) supone una cooperación exclusivamente a nivel de política exterior.

b) puede ser el resultado de una coordinación política cada vez más estrecha de varios países.

c) es el último fin de cada proceso de integración económica.

d) suprime la tarifa exterior común.

II. Subraye las palabras correctas:

Para suavizar los efectos negativos de la integración económica, la Unión Europea concede períodos de transacción / transición. Además ha desarrollado mecanismos de subvención / sublimación y redirección / redistribución. Entre ellos cabe destacar la Política Agrícola Común / Comunitaria (PAC), los fondos estructurados / estructurales y los fondos de cohesión /concesión.

III. Utilizando las sílabas puede formar las palabras que faltan en el siguiente texto sobre las ventajas y desventajas de la integración económica.

bi – ca – cia – cio - com - dad – dad – di – duc – es – es – fla - in - jas – la – li – ni – nis – pa – pe – pos - pos – pro – ren – rie – sas – ta – ta – tas – ti – ti – ti – ti – ti – trans – va – vel – ven – vi – vo – vos

Una de las ventajas más importantes de la integración económica es la disminución del .... (1) de precios como consecuencia de la especialización de los países miembros según sus .... (2) comparativas, las economías de .... (3) posibles por el mercado más amplio, la mayor competencia, y la .... (4) cada vez mayor del mercado.

Otras ventajas son el crecimiento de la .... (5) de la oferta y el mayor poder de negociación.

Entre las desventajas de la integración económica cabe destacar la desigual incidencia sobre países, sectores y grupos, posibles ajustes debido a la reestructuración del aparato .... (6), la creación de mayores desequilibrios regionales y disparidades sociales, ya que beneficia a los más .... (7).

En cuanto a la unión monetaria destaca el aumento de la transparencia de los precios, la mayor .... (8) monetaria y de los .... (9) de interés. Al mismo tiempo desaparecen el riesgo de cambio y las comisiones que hay que pagar por el cambio de .... (10).

Una unión monetaria también puede llegar a tener efectos negativos, ya que los países miembros pierden la posibilidad de actuar sobre los .... (11) de cambio para aumentar la competitividad en el exterior, o sobre los tipos de interés si se trata de combatir tendencias .... (12) o una crisis económica a nivel nacional.

29 EL LIBRECAMBIO Y EL PROTECCIONISMO

I. Complete los enunciados con la opción correcta:

1. La tendencia que aboga por intercambios comerciales internacionales sin restricciones es una tendencia
   a) proteccionista.
   b) librecambista.
   c) competitiva.
   d) contraproducente.

2. El argumento central de los librecambistas es que todos se beneficiarían de una especialización de los países en los sectores con más
   a) ventajas absolutas y competidoras.
   b) ventajas absolutas y comparables.
   c) ventajas abismales y competidoras.
   d) ventajas absolutas y comparativas.

3. Un país proteccionista suele disponer de una serie de "medidas" que le permiten proteger sus mercados frente a las mercancías producidas en otros países. ¿Cómo se llaman estas "medidas"?
   a) Fomentos comerciales.
   b) Barreras de choque.
   c) Barreras naturales.
   d) Barreras comerciales.

4. Aquellos impuestos a la importación que gravan monetariamente la entrada de productos extranjeros son los llamados
   a) aranceles.
   b) contingentes.
   c) IVA.
   d) trabas monetarias.

5. Las grandes potencias industriales como los EE.UU., la Unión Europea o Japón están a favor del librecambio en el sector

   a) agrícola.

   b) de exportación.

   c) tecnológico o financiero.

   d) de algodón.

6. La llamada "política de sustitución de importaciones" protegía productos nacionales frente a extranjeros mediante

   a) elevados precios de venta.

   b) leyes extremadamente complicadas.

   c) bajos aranceles.

   d) altos aranceles.

7. Cuotas, licencias o permisos a la importación, normas técnicas o higiénicas y severos controles en aduana son

   a) barreras arancelarias.

   b) barreras araneiformes.

   c) barreras no arancelarias.

   d) barreras ilegales.

8. Una barrera comercial que limita la cantidad de los productos importados se denomina

   a) cuota o contingente.

   b) cuota o continente.

   c) cuota o contingencia.

   d) cuota o continuo.

30 LA ORGANIZACIÓN MUNDIAL DEL COMERCIO (OMC)

I. Complete:

En la conferencia de Bretton Woods (1944) se decidió la creación de dos instituciones. ¿Cómo se llaman?

• .... (1)

• .... (2)

Como el congreso de EE.UU. se negó a ratificar la propuesta respecto a la creación de una tercera organización que debía ocuparse de los problemas del comercio, en su lugar se firmó el GATT (1947), un Acuerdo General sobre .... (3).

II. Una cada principio del GATT con la definición correcta.

1. "no discriminación"	a) Promueve la protección de las ramas de producción nacionales únicamente mediante aranceles.
2. "reciprocidad"	b) Obliga a todos los Estados que participan en el GATT a no tratar a ningún Estado miembro peor que a otro.
3. "transparencia"	c) Prohibe las subvenciones y la la utilización de prácticas comerciales desleales como la venta de productos en un mercado exterior a precios inferiores a los del mercado nacional.
4. prohibición del dumping	d) Si un país miembro se beneficia de reducciones arancelarias, tiene que ofrecer concesiones parecidas.

III. Adjudique un título (A-C) a cada una de las dos noticias y complete los textos con los términos siguientes (a-j).

A) El Perú incluye lucha contra la biopiratería en la Ronda de Doha

B) La OMC lanza un ultimátum para desatascar la liberalización comercial

C) Guatemala gana caso de acero ante OMC

a) aranceles

b) OMC

c) conflictos comerciales

d) ronda de Doha

e) barreras

f) subvenciones

g) dumping

h) comercio mundial

i) recurrir contra

j) resolución

.... (1)

Después de seis años en los que México ha mantenido .... (2) arancelarias a la importación de tuberías de acero provenientes de Guatemala por supuestas prácticas de .... (3), y de dos años de pelear el caso ante la .... 4), el pequeño país centroamericano obtiene una .... (5) favorable.

El órgano de resolución de .... (6) de esa Organización deliberó que México debe eliminar los aranceles adicionales del 25.87% impuestos al producto guatemalteco. Ahora queda esperar si México decide .... (7) la resolución, para lo cual tendría como tiempo límite 10 días antes de la siguiente reunión del Grupo de Solución de Diferencias.

.... (8)

Ante la incapacidad de los cuatro grandes socios (Brasil, Estados Unidos, India y la Unión Europea) para reducir las barreras al comercio como .... (9) a la exportación y .... (10) que entorpecen el .... (11), ha sido la propia Organización Mundial de Comercio (OMC) la que ha planteado un ultimátum de compromiso para forzar a las partes a flexibilizar sus posiciones. Es la última oportunidad para salvar la ....(12), que persigue impulsar el desarrollo de los países menos avanzados, facilitando los intercambios de productos agrícolas e industriales.

IV. Decida si los siguientes enunciados son verdaderos o falsos:

1. La Organización Mundial del Comercio (OMC) se fundó en el año 1995. En nombre de sus estados miembros, o sea, todos los países del mundo supervisa y desarrolla el comercio mundial.
   V/F

2. La función principal de la OMC es la administración y el control del respeto de los distintos tratados y acuerdos comerciales multilaterales, entre ellos el GATT.
   V/F

3. A partir de la Ronda de Uruguay las negociaciones se redujeron al comercio de mercancías y se desentendieron de sectores como los servicios y los derechos de propiedad intelectual.
   V/F

4. La OMC promueve la solución de conflictos comerciales mediante la celebración de consultas.
   V/F

5. Si en un conflicto comercial las consultas no dan resultado, el país perjudicado puede iniciar un procedimiento que incluye la constitución de un panel de expertos y la posibilidad de recurrir contra la resolución de este panel.
   V/F

31 LA BALANZA DE PAGOS

I. Complete este diagrama con las balanzas y subbalanzas que faltan:

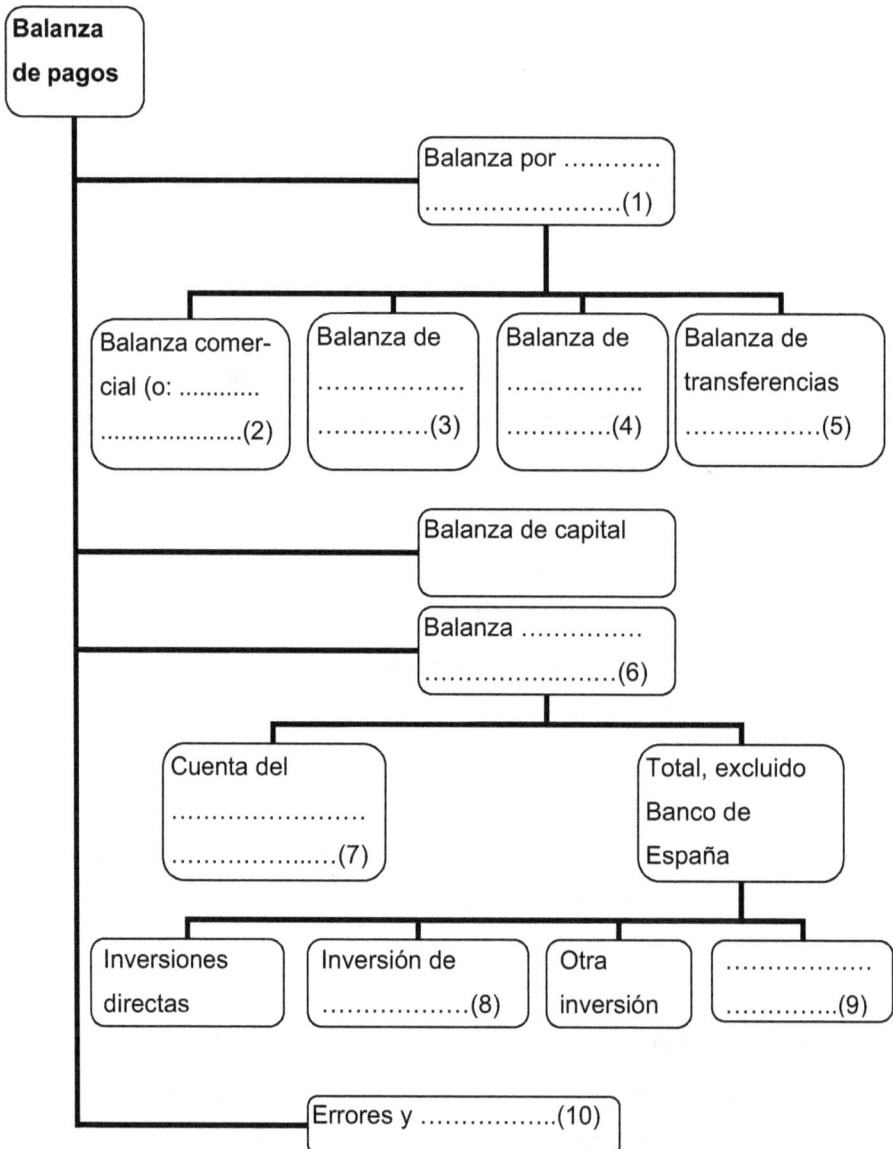

```
┌──────────┐
│ Balanza  │
│ de pagos │
└──────────┘
     │
     │                          ┌────────────────────────┐
     ├──────────────────────────│ Balanza por ...........  │
     │                          │ ....................(1)  │
     │                          └────────────────────────┘
     │                                      │
     │        ┌──────────────┬──────────────┼──────────────┐
     │   ┌─────────────┐ ┌──────────┐ ┌──────────┐ ┌──────────────┐
     │   │ Balanza     │ │ Balanza  │ │ Balanza  │ │ Balanza de   │
     │   │ comer-      │ │ de       │ │ de       │ │ transferencias│
     │   │ cial (o: ...│ │ ........ │ │ ........ │ │              │
     │   │ .........(2)│ │ ......(3)│ │ ......(4)│ │ .........(5) │
     │   └─────────────┘ └──────────┘ └──────────┘ └──────────────┘
     │
     │                          ┌────────────────────────┐
     ├──────────────────────────│ Balanza de capital      │
     │                          └────────────────────────┘
     │
     │                          ┌────────────────────────┐
     ├──────────────────────────│ Balanza ...............  │
     │                          │ ....................(6)  │
     │                          └────────────────────────┘
     │                                      │
     │             ┌────────────────────────┴────────────┐
     │        ┌─────────────┐                      ┌──────────────┐
     │        │ Cuenta del  │                      │ Total, excluido│
     │        │ ..........  │                      │ Banco de      │
     │        │ .........(7)│                      │ España        │
     │        └─────────────┘                      └──────────────┘
     │                                                    │
     │            ┌──────────────┬──────────────┬─────────┘
     │       ┌──────────┐ ┌──────────────┐ ┌──────────┐ ┌──────────────┐
     │       │Inversiones│ │ Inversión de │ │ Otra     │ │ ...........  │
     │       │ directas │ │ .........(8) │ │ inversión│ │ .........(9) │
     │       └──────────┘ └──────────────┘ └──────────┘ └──────────────┘
     │
     │         ┌────────────────────────────┐
     └─────────│ Errores y .............(10) │
               └────────────────────────────┘
```

II. ¿En cuál de las balanzas y cuentas arriba mencionadas se contabilizan los siguientes movimientos:

1. La compra de una patente por parte de una empresa española a una empresa francesa.
2. Un seguro que contrata una empresa española en Londres.
3. Un préstamo otorgado a España por el Banco Europeo de Inversiones.
4. Chaquetas de Loden que una empresa española compra en Innsbruck para su comercialización en España.
5. La compra de la mayoría de las acciones de una aerolínea latinoamericana por Iberia.
6. El dinero que manda una inmigrante peruana a su familia en Lima.
7. Los ingresos de la industria turística española.

III. Decida, cuáles de las siguientes opciones son correctas:

Las distintas cuentas de la balanza de pagos pueden tener

1. un saldo negativo
2. un saldo equidistante
3. un saldo nulo
4. un saldo equilibrado
5. un saldo positivo
6. un saldo equilibrista
7. un déficit
8. una superación
9. un superávit.

32 EL TIPO DE CAMBIO

I. Busque la definición correspondiente para cada término:

1. Tipo de cambio: .....
2. Tipo de cambio "flotante": .....
3. Tipo de cambio "fijo": .....
4. Arbitraje: .....
5. Devaluación: .....

6. Revaluación: .....
7. Depreciación: .....
8. Apreciación: .....
9. "Seguro de cambio": .....
10. Opción sobre divisas: .....

a) operación especulativa que se aprovecha de diferencias de precios de una moneda en diferentes mercados.

b) relación de valor entre dos monedas en un momento determinado.

c) compraventa de divisas a plazo por un exportador para cubrirse del riesgo de cambio.

d) resultado de una intervención del banco central que resulta en un valor inferior de la moneda.

e) disminución del valor de una moneda en los mercados libres de divisas.

f) consecuencia de la libre oscilación del valor de una moneda respecto a las demás en los mercados de divisas.

g) resultado de una intervención del banco central que resulta en un valor superior de la moneda.

h) resultado del compromiso de un país a mantener constante el valor de su moneda en relación a otra.

i) derecho adquirido mediante el pago de una prima de cambiar X unidades de una moneda por X unidades de otra en un plazo fijado.

j) movimiento al alza del valor de una moneda en los mercados libres de divisas.

II. Complete las siguientes noticias con uno de estos términos:

a) reservas de divisas

b) mercado de divisas

c) oscilación

d) cotización

e) revalorización

El euro alcanza una .... (1) récord con respecto
al dólar

La divisa supera por primera vez las 1,37 unidades por billete verde.

Las ....(2) en la zona euro subieron
hasta 144.800 millones de euros

Las reservas en moneda extranjera en el Eurosistema subieron en 400
millones de euros, hasta 144.800 millones de euros (196.928 millones de
dólares), en la semana terminada el 10 de agosto.

China abre su juego en la liberalización del yuan

China anunció que permitirá que la tasa de .... (3)
de su moneda con respecto a la estadounidense aumente del 0,3 al 0,5
por ciento.

Banco central colombiano suspende la intervención en el
.....................................(4)

El Banco de la República de Colombia ha suspendido la compra masiva
de dólares que venía haciendo en el mercado de divisas para frenar la
caída del dólar y la .... (5) del peso colombiano.

33 LA INVERSIÓN DIRECTA

I. ¿Recuerda, cuál es la diferencia entre ...

1. ... a) una inversión directa en el exterior y b) una inversión de cartera?
2. ... a) el flujo de inversión y b) el stock o acervo de inversión?
3. ... a) una sucursal o delegación y b) una filial o subsidiaria?

II. Busque las traducciones de los siguientes términos:

a) Reinvestition - ....
b) Gesellschaftskapital - ....
c) gründen (¡verbo!) - ....
d) Beteiligung - ....
e) akquirieren (¡verbo!) - ....
f) beteiligtes Unternehmen - ....
g) Stammeinlage - ....
h) fusionieren (¡verbo!) - ....

III. Complete el texto con las traducciones del ejercicio II:

El   FMI   considera   una   inversión   como   directa   cuando   la
.... (1) en el .... (2)
supera al 10%. Ese porcentaje incluye, aparte de la ....
.... (3), posibles ampliaciones de la inversión y la
.... (4) de los beneficios obtenidos en la
.... (5).

También se pueden mencionar diferentes maneras para llevar a cabo una
inversión directa: .... (6) una nueva empresa,
.... (7)   una   empresa   existente   o
.... (8) la propia empresa con una extranjera.

IV. Complete esta lista formando palabras con las sílabas:

bi – bo – bra - cio - ción - dad - de - es - es - fra - in - jas - la - la - li - ma -
ma - mas - nes - no - o - pri - ral - ra - rial - rias - sa - si - sub - ta - ta - te -
truc - tu - tua - ven - ven

Una empresa puede optar por una implantación en un mercado exterior
porque busca:

*   nuevos mercados;
*   recursos (.. (1)), ... (2)
    geográfica, clima, ... (3) poco o altamente
    cualificada, tecnología, ... (4) de transpor-
    te etc.;
*   eficiencia;
*   .... (5) de localización como paz social,
    .... (6) macroeconómica, bajo nivel
    .... (7), una legislación fiscal o
    .... (8) favorable o ....
    .... (9) concedidas por el país receptor.

V. ¿Recuerda el significado de las siguientes siglas?

1. IDE: ....
2. FMI: ....

34 EL ANÁLISIS DE MERCADOS EXTERIORES

I. ¿Recuerda el significado de las siguientes siglas?

1. OCDE:..

2. ICEX: ....

II. Complete los organigramas sobre las dos etapas de un análisis de mercados exteriores con las traducciones de estos términos:

<u>**A) La preselección:**</u>

a) Statistikinstitute - ....

b) Pro-Kopf-Einkommen - ....

c) polit.-ökonom. Umfeld - ....

d) Potential - ....

e) Handelskammern - ....

f) Risiko - ....

g) Währungspolitik - ....

h) Transportinfrastruktur - ....

i) rechtlicher Rahmen - ....

<u>**B) El análisis en profundidad:**</u>

a) Marktanteile - ....

b) Lagerung und Vertrieb - ....

c) Marktsegmente - ....

d) Zwischenhändler - ....

e) Konkurrenz - ....

f) heimische Produzenten - ....

g) Konsumgewohnheiten - ....

h) Handelsspannen - ....

i) Werbung - ....

La preselección:

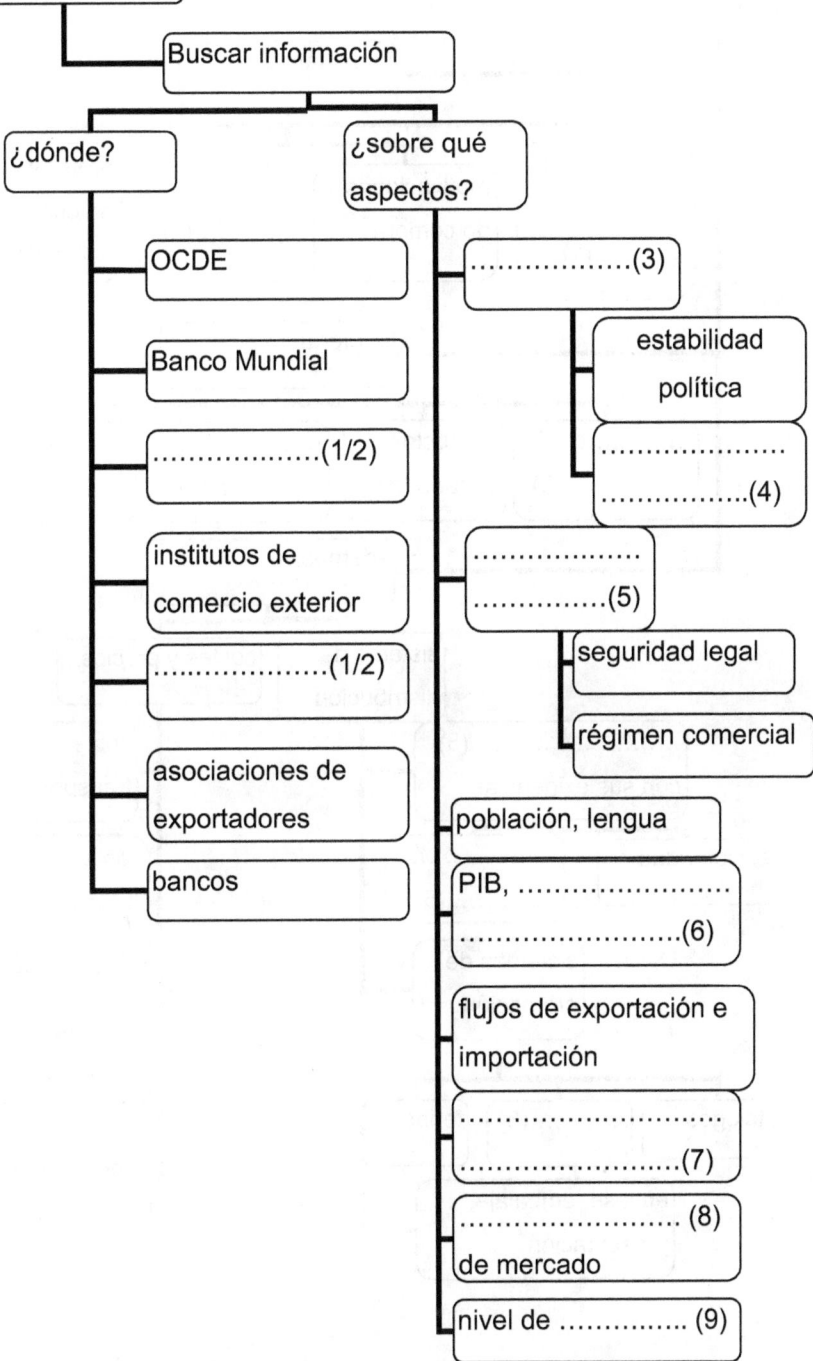

Buscar información

¿dónde?

¿sobre qué aspectos?

OCDE

...............(3)

Banco Mundial

estabilidad política

..................(1/2)

....(4)

institutos de comercio exterior

....(5)

..................(1/2)

seguridad legal

régimen comercial

asociaciones de exportadores

población, lengua

bancos

PIB, ...(6)

flujos de exportación e importación

....(7)

.... (8) de mercado

nivel de .... (9)

Análisis en profundidad:

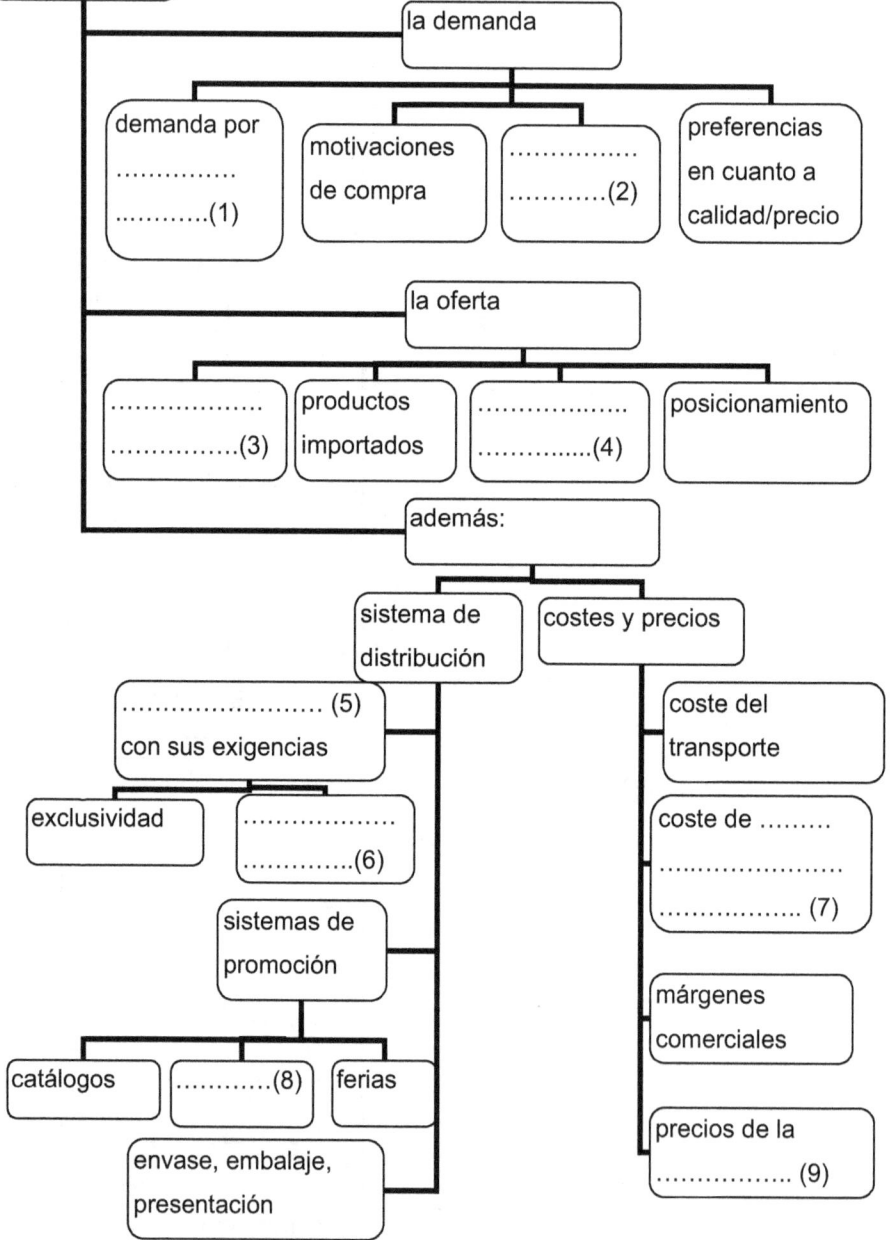

la demanda

demanda por ....(1)

motivaciones de compra

....(2)

preferencias en cuanto a calidad/precio

la oferta

....(3)

productos importados

....(4)

posicionamiento

además:

sistema de distribución

costes y precios

.... (5) con sus exigencias

coste del transporte

exclusividad

....(6)

coste de .... (7)

sistemas de promoción

márgenes comerciales

catálogos

...........(8)

ferias

precios de la .... (9)

envase, embalaje, presentación

35 FORMAS DE ENTRADA EN MERCADOS EXTERIORES

I. Relacione cada forma de entrada en un mercado exterior con su definición:

1. piggyback
2. exportación indirecta
3. consorcio de exportación
4. franquicia internacional
5. exportación directa
6. joint-venture o empresa mixta internacional
7. fabricación en el mercado de destino
8. establecimiento de una filial de ventas

a) instalación de una planta de producción propia en el mercado de destino o venta de una licencia de fabricación.

b) apertura de un establecimiento de ventas en el mercado objetivo.

c) una compañía de trading o un importador compran el producto y lo exportan para revenderlo por cuenta propia.

d) utilización de los canales de distribución de otra empresa que ya actúa en el mercado de destino.

e) creación de una organización por varias empresas de un mercado de origen con el fin de gestionar una exportación común.

f) la empresa exportadora gestiona directamente las ventas en el mercado objetivo.

g) creación de una sociedad junto con un socio local con el fin de aprovechar su conocimiento del mercado de destino.

h) la exportadora cesa el producto y el know-how sobre su comercialización a una empresa situada en el mercado de destino, cobrando un porcentaje sobre el volumen de ventas.

II. Conteste las siguientes preguntas:

1. Hablando siempre de la exportación, ¿puede explicar la diferencia entre un agente y un representante? Utilice las traducciones de los siguientes términos en su explicación:

   Aufträge – Provision – Umsatz – Angestellter

2. ¿Cómo funciona una franquicia?

   A utilizar: Überlassung – Franchisegeber – Franchisenehmer – Verkaufsstätte

3. ¿Y una licencia de fabricación?

   A utilizar: Lizenznehmer – Lizenzgeber – Vergütung - Royalties

III. Forme términos compuestos juntando elementos de las dos columnas:

A	B
1. plantas	a) de fabricación
2. mercado	b) finales
3. empresa	c) llave en mano
4. licencia	d) de ventas
5. exportación	e) de consumo
6. filial	f) del mercado
7. clientes	g) objetivo
8. bien	h) de distribución
9. conocimiento	i) mixta
10. canales	j) directa

36 MARKETING

I. ¿Cuáles de las siguientes actividades NO son tarea del departamento de marketing de una empresa?

1. Detectar las necesidades de los consumidores
2. Desarrollar el producto
3. Pagar los salarios de los trabajadores
4. Elegir la forma de distribución
5. Crear la publicidad
6. Planificar actos de promoción
7. Emitir las facturas de los productos vendidos
8. Coordinar las entradas y salidas de los productos en los almacenes
9. Fijar un precio
10. Estudiar la competencia en el mercado
11. Mantener la red informática interna de la empresa
12. Establecer el presupuesto de la introducción del producto en el mercado

II. De entre las cuatro opciones que se presentan para cada enunciado, hay sólo una respuesta incorrecta. ¿Cuál es ?

1. En la investigación de mercado se consigue información sobre
   a) el precio que los consumidores están dispuestos a pagar.
   b) los gustos y hábitos de los consumidores.
   c) el público objetivo.
   d) el tipo de financiación para el proyecto.

2. Los soportes escogidos por las campañas de publicidad son
   a) radio y televisión.
   b) vallas publicitarias.
   c) encuestas y entrevistas.
   d) prensa.

3. Dentro de la actividad empresarial, el marketing abarca aspectos

   a) productivos.

   b) comerciales.

   c) fiscales.

   d) económicos.

4. El marketing debe tener en cuenta los factores siguientes

   a) índice de precios al consumo.

   b) precio y diseño.

   c) análisis comparativo de la competencia.

   d) preferencias de los consumidores.

5. Cuando se realiza un plan de marketing para el lanzamiento de un nuevo producto hay que

   a) fijar el precio.

   b) investigar el mercado a través de encuestas, tests o entrevistas.

   c) buscar cuidadosamente el diseño del producto.

   d) comunicárselo al Registro Mercantil.

37 EL PRODUCTO

I. Elija la función que cumple:

1. el embalaje
2. la marca
3. la etiqueta / el etiquetado
4. el envase

5. la homologación
6. la certificación
7. el registro

a) Demostrar que el producto cumple con la normativa legal de un mercado
b) Proteger el producto durante el transporte y almacenamiento.
c) Identificar el producto y diferenciarlo de la competencia
d) Dar información legal y promocional en el mismo producto
e) Contener el producto
f) Impedir que otros productores lo copien
g) Determinar y mostrar la calidad del producto

II. Cómo se denomina(n)

1. una marca que es propiedad de una determinada cadena de distribución: ....
2. actos ilegales que consisten en copiar marcas prestigiosas: ....
3. el servicio incluido en la compra de un producto que se realiza después de su adquisición: ....
4. la forma que se da al producto para que pueda cumplir su función de la mejor manera posible y al mismo tiempo corresponda a criterios estéticos: ....
5. conjunto de las otras empresas que operan en el mismo mercado: ....
6. las cuatro etapas del ciclo de vida de un producto: ....

38 EL PRECIO

I. Complete el cuadro:

verbo	sustantivo-agente	sustantivo-acción
		demanda
	especulador	
	consumidor	
	oferente	
		venta
		distribución

II. Un crucigrama:

1.   Lo que se paga por un piso

2.   Lo que se paga por un crédito

3.   Estímulo que se ofrece a una persona con el fin de elevar la producción y mejorar su rendimiento

4.   Lo que se paga por utilizar una autopista

5.   Precio del bien sin gastos de transporte, seguro y aduana: precio de venta ... (2 pal.)

6.   Lo que se paga por realizar una transferencia bancaria

7.   Precio previsto para el consumidor final: precio de venta ... (2 pal.)

8.   Lo que se paga por importar un producto en la aduana

9.   Lo que se paga por un seguro de vida

10. Lo contrario de una demanda „rígida"

11. Lo que se paga por estudiar en la universidad

12. Pago no legal en actos de corrupción

13. Lo que se paga por los servicios de un abogado

14. Lo que se paga por el buen servicio de un camarero

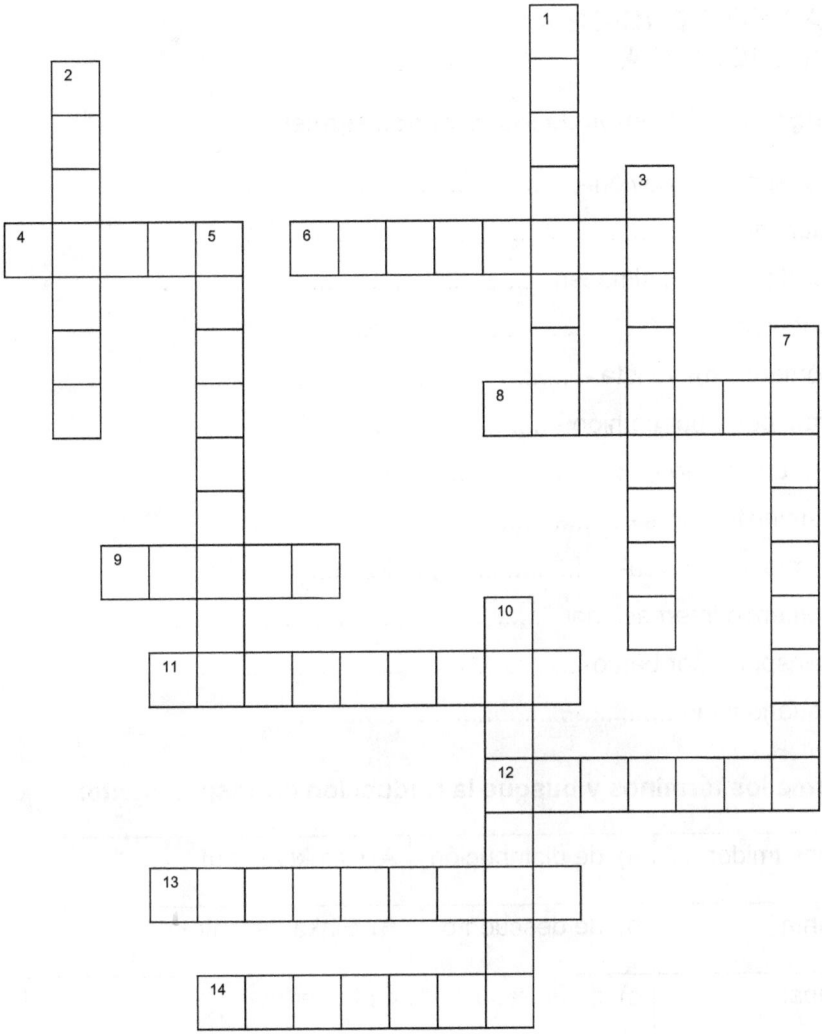

39 LA DISTRIBUCIÓN -
LA LOGÍSTICA

I. Ponga los sinónimos de los términos siguientes:

1.   transporte por avión - ....

2.   fabricante - ....

3.   existencias en almacén - ....

4.   Know how - ....

5.   comercio mayorista - ....

6.   transporte por camión - ....

7.   dar un crédito - ....

8.   suministradores - ....

9.   distribución física- ....

10. comercio internacional- ....

11. transporte por barco- ....

12. usuario final- ....

II. Forme los términos y busque la traducción correspondiente:

1. consumidor	a) de distribución	A) Direktverkauf
2. venta	b) de descuento	B) Einkaufszentrum
3. canal	c) de entrega	C) Lieferfrist
4. centro	d) de apertura	D) Verkaufsstätten
5. horario	e) final	E) Endverbraucher
6. plazo	f) de venta	F) Diskonter
7. puntos	g) directa	G) Vertriebskanal
8. tienda	h) comercial	H) Ladenöffnungszeiten

III. Busque el término para denominar...

1. Productos que se estropean fácilmente: productos ....

2. Transporte realizado por ferrocarril: transporte ....

3. Posibilidad de hacer un negocio: ....

4. Persona que vende al exterior: ....

5. Cláusulas de precios para facilitar el comercio internacional:

    ....

6. Venta realizada a otro comerciante, muchas veces, en grandes

    cantidades: ....

7. Establecimientos comerciales de autoservicio y de muy grandes

    dimensiones: ....

8. Persona que se dedica a la venta al consumidor final:

    ....

9. La totalidad de los distintos productos disponibles en una tienda:

    ....

10. Comercio que se realiza directamente entre productor y consumidor

    final: ....

11. El precio que hay que pagar por el transporte marítimo:

    ....

12. Pagos realizados por una franquicia: ....

13. Persona o empresa que se dedica a la organización del transporte

    de la mercancía: ....

14. Edificio (o varios edificios) en el   que se ubican distintos

    establecimientos minoristas: ....

15. Periodo de tiempo en el que la mercancía debe llegar al destinatario:

    ....

40 LA PROMOCIÓN

I. En la siguiente sopa de letras se encuentran escondidos los siguientes 10 instrumentos y soportes de publicidad y promoción (vertical, horizontal y diagonal):

1. Geschenke - ....
2. Logo - ....
3. Plakat - ....
4. Mailing - ....
5. Plakatfläche - ....
6. Verpackung - ....
7. Preisnachlass - ....
8. Sponsoring - ....
9. Wettbewerbe - ....
10. Anzeigen - ....

L	R	E	G	A	L	O	S	T	K	S	K	B
U	O	H	M	E	G	V	N	I	N	B	Y	Q
J	B	G	T	N	V	B	E	J	I	O	E	X
G	S	R	O	L	K	V	T	N	M	D	P	K
Y	A	M	D	T	F	V	A	N	V	H	F	A
C	R	G	A	L	I	G	M	L	L	A	E	E
C	S	T	W	I	F	P	R	E	L	O	S	R
K	X	L	L	V	L	W	O	T	I	A	G	E
N	A	K	U	V	E	I	P	C	J	C	P	B
P	A	T	R	O	C	I	N	I	O	D	I'	A
B	F	U	C	K	D	U	W	G	N	X	E	J
J	X	F	C	O	N	C	U	R	S	O	S	A
N	Z	S	Y	A	V	J	M	Q	O	P	T	O

II. Clasifique las actividades siguientes según sean

1. venta personal: ....

2. publicidad: ....

3. relaciones públicas: ....

4. promoción de ventas: ....

a) Organizar un concurso con participación de los consumidores potenciales.

b) Llamar a un cliente potencial para hablarle de una mejora de un producto.

c) Insertar un anuncio en un diario regional.

d) Patrocinar el baile del colegio local

e) Ofrecer muestras gratuitas de un producto en un supermercado.

f) Colocar carteles en las autopistas.

g) Mejorar y homogeneizar el diseño de los impresos de una institución

h) Invitar a tomar un café a los interesados en la compra de un coche.

i) Ofrecer un descuento del 20% en la compra de dos unidades del mismo producto.

j) Convocar una rueda de prensa para informar sobre los resultados de la empresa

k) Mandar cartas y catálogos a un grupo de clientes potenciales.

l) Insertar anuncios en una revista especializada.

m) Visitar empresas para vender un nuevo programa informático de contabilidad.

n) Crear un espot para su difusión en la radio.

41 EL COMERCIO ELECTRÓNICO

I. Ponga "de", "por" "de la" o "-" para formar el término y tradúzca-lo al alemán:

	completar con: de – por – de la - X	traducción
1.	plan .... negocio	
2.	venta .... correspondencia	
3.	carro .... compra	
4.	página .... web	
5.	tarjeta .... crédito	
6.	orden .... pago	
7.	monedero .... electrónico	
8.	tecnologías .... información	

II. Ponga los sinónimos que aparecen en el capítulo correspondiente del manual (textos y explicaciones terminológicas):

1. computadora - ....

2. internet - ....

3. coste de adquisición - ....

4. venta por correo - ....

5. hacer compras (a través de internet) - ....

6. fomentar el comercio - ....

7. comercio al por mayor - ....

8. comercio al por menor - ....

42 MEDIOS DE PAGO I: EFECTIVO, TARJETAS, CHEQUES- MEDIOS DE PAGO II: LA LETRA DE CAMBIO Y EL PA- GARÉ

I. Lea este texto atentamente:

La empresa Muebles Ébano, con domicilio en la calle Toledo, número 7, de Madrid, ha de pagar 2070 € a su proveedor de material de oficina OFICESA, que tiene su central en la calle Segovia, número 127, de Madrid.

Muebles Ébano ha recibido una letra de cambio por dicho importe que OFICESA ha girado el 29 de julio de 2007, a pagar el 31 de octubre del mismo año.

La entidad bancaria de Muebles Ébano es el Banco Hispano Americano mientras que OFICESA trabaja con la oficina de la Caja Madrid de la Plaza San Pedro de Madrid, a través de la cuenta 007 5182 37128.

Con toda esta información, ¿podría rellenar la letra de cambio?

Lugar de libramiento	MONEDA IMPORTE	0 A 0542093
Por esta LETRA DE CAMBIO pagará usted al vencimiento expresado a	Fecha de libramiento VENCIMIENTO	
la cantidad de (importe en letra)		
Persona o entidad:	en el domicilio de pago siguiente: CÓDIGO CUENTA CLIENTE (CCC)	
Dirección u oficina:		
Población:		
ACEPTO Fecha (Firma)	Cláusulas: LIBRADO Nombre: Domicilio: Población: C.P.: Provincia:	LIBRADOR: (Firma, nombre y domicilio)
No utilizar este espacio por estar reservado para impresión magnética		

II. Ponga los elementos que faltan según el modelo. Fíjese también en las explicaciones terminológicas al final del capítulo.

Ej.: Kauf – compra - adquisición

1. .... - pagar en metálico - ....

2. .... – talón- ....

3. einen Scheck ausstellen - ....un cheque -

   ....un cheque

4. .... - cheque de viaje - ....

5. .... - sacar dinero (de un cajero automático) -

   ....

6. ungedeckter Scheck – cheque .... – cheque

   ....

7. .... - .... - chequera (coloquial)

8. einen Scheck einlösen - .... un cheque -

   .... un cheque

9. .... - tasa anual - ....

III. Forme a base de los verbos siguientes el sustantivo de acción o agente (si existen):

	verbo	acción	agente
1.	endosar		
2.	suministrar		
3.	librar (un cheque)		
4.	solicitar		
5.	comerciar		
6.	cambiar		
7.	tomar		

43 MEDIOS DE PAGO III: MEDIOS DE PAGO INTERNACIO-NALES

I. Junte los elementos para formar los términos que corresponden. Fíjese también en las explicaciones terminológicas al final del capítulo:

1. Zahlungsanweisung - ....

2. Handelsbeziehungen - ....

3. Dokumenteninkasso - ....

4. Akkreditiv - .... =

....

5. Länderrisiko - ....

6. aufgeschobene Zahlung - ....

7. vertragliche Verpflichtungen - ....

8. Bankscheck - ....

9. Importland - ....

1.	pago	a) comerciales
2.	remesa	b) país
3.	país	c) documentario
4.	obligaciones	d) bancario
5.	cheque	e) importador
6.	carta	f) aplazado
7.	riesgo	g) de pago
8.	relaciones	h) documentaria
9.	orden	i) de crédito
10.	crédito	j) contractuales

44 EL BANCO –
LA CAJA DE AHORROS

I. Una los elementos de estas dos columnas para formar oraciones. Fíjese también en las explicaciones terminológicas al final del capítulo.

El Banco ...	
1. concede	a) una comisión por sus servicios
2. descuenta	b) el ahorro privado
3. cobra	c) monedas
4. capta	d) un crédito
5. cambia	e) una letra de cambio
El cliente ...	
6. deposita	f) intereses por sus depósitos
7. solicita	g) un préstamo
8. cobra	h) una transferencia
9. realiza	i) intereses por el dinero prestado
10. paga	j) sus ahorros

II. Complete estas oraciones de manera apropiada. Fíjese también en las explicaciones terminológicas al final del capítulo.

• Las instituciones bancarias actúan como .... (1) proporcionando, a los que necesitan capital, el dinero que previamente han depositado los ahorradores.

• Los bancos cobran un interés más alto por los .... (2) que por los depósitos bancarios y obtienen así una parte de sus beneficios.

- El dinero que se deposita en el banco mediante depósitos y el que sale mediante la concesión de créditos es el mismo, pero se duplica su función y por eso se dice que los bancos .... (3).

- Para los clientes no sólo es decisivo el tipo de interés a la hora de depositar el dinero en un banco, también es importante la comodidad; por ejemplo, a la hora de elegir un banco puede ser determinante que éste tenga numerosas .... (4) y que estén próximas al domicilio o al lugar de trabajo del cliente.

- Aunque en la actualidad no hay gran diferencia entre la labor financiera que realizan los bancos y las cajas de ahorros, estas últimas no tienen como finalidad principal la obtención de beneficios, es decir, son instituciones .... (5).

- Un rasgo típico de las cajas de ahorros es la .... (6) que realizan, como la construcción de asilos de ancianos, la concesión de .... (7) de estudio, y el patrocinio de activi- dades culturales.

- Algunas cajas de ahorros preferirían pagar impuestos como los bancos y no tener que dedicar la mitad de sus .... (8) a obras sociales.

- Cuando se habla de una subida del .... (9), esto quiere decir que suben los tipos de interés.

45 LOS DEPÓSITOS BANCARIOS – EL CRÉDITO, EL PRÉSTAMO, EL EMPRÉSTITO - EL TIPO DE INTERÉS Y EL TIPO DE DESCUENTO

I. Relacione las dos columnas:

1. cuenta corriente	a) domiciliaciones
	b) intereses más elevados
	c) descubierto
	d) intereses mínimos
2. cuenta de ahorro	e) libreta
	f) tarjeta de crédito
	g) depósito a plazo
	h) talonario de cheques

II. Traduzca las siguientes expresiones al español. Algunas provienen de las explicaciones terminológicas al final del capítulo.

a) Konto eröffnen - ....

b) Zinsen abwerfen - ....

c) Konto überziehen - ....

d) Bankkonto pfänden - ....

e) Geld auf das Konto einzahlen - ....

f) Kontoauszug - ....

g) Kontostand - ....

h) Handelspapiere - ....

i) Zinseszins - ....

j) Zentralbank - ....

k) Fälligkeit - ....

l) Diskontsatz - ....

m) vorstrecken - ....

n) Wechsel - ....

III. Complete las siguientes frases con algunas de las traducciones del ejercicio anterior:

1. El tipo de descuento es un tipo que se aplica a los ....

2. Por .... se entiende el interés que se cobra o se paga sobre intereses.

3. Los intereses que aplican los distintos bancos dependen en primer lugar de los intereses que a ellos les aplica el ....

4. Los depósitos a plazo suelen .... más altos que los depósitos a la vista.

5. Cuanto más alto sea el tipo de interés y cuanto más ventajas adicionales se ofrecen más interesante resulta .... en el banco.

6. Hoy en día, el .... en papel ha perdido de importancia ya que muchos ahorradores consultan el estado de su cuenta desde un ordenador.

7. Algunos bancos ofrecen a sus clientes unos tipos de interés más altos si el .... no baja de cierta cantidad.

8. Los ahorradores deben tener en cuenta que el hecho de .... enseguida provoca la aplicación de unos intereses bastante elevados por parte del banco.

9. Para asistir al acto se tiene que .... de la entidad el precio total de las entradas.

IV. Relacione las palabras de la columna A con las de la columna B. Algunos términos provienen de las explicaciones terminológicas al final del capítulo. Si no encuentra una relación, piense en un sinónimo.

A	B
1. acreedor	a) el crédito expira
2. cuenta de ahorro	b) reembolso del crédito
3. amortización del crédito	c) solicitar un crédito
4. pedir un crédito	d) principial
5. conceder un crédito	e) vida de un crédito
6. pagar (un crédito)	f) una cuenta en números rojos
7. expirar	g) vencer
8. crédito preferencial	h) otorgar un crédito
9. período de validez	i) crédito preferente
10. el crédito finaliza	j) prestatario
11. capital inicial	k) libreta de ahorro
12. deudor	l) entidades bancarias
13. una cuenta al descubierto	m) prestamista

V. Relacione cada explicación con su correspondiente concepto:

1. Préstamo	a) El prestatario paga sólo intereses por la cantidad consumida del total cedido.
2. Crédito	b) El prestatario paga los intereses del capital prestado y una cuota de amortización.
3. Empréstito	c) El prestatario - el Estado o grandes empresas - paga unos intereses pactados.

46 EL LEASING Y EL FACTORING

I. ¿Sabría solucionar el siguiente crucigrama?

1. Arrendamiento financiero.

2. Cantidad periódica que se paga de alquiler por un bien durante un plazo prefijado.

3. Máquina, coche, inmueble, etc.

4. Mediante el factoring, una empresa traslada la gestión del cobro de los ... concedidos a sus clientes a otra sociedad.

5. Las sociedades factor, entre otras cosas, analizan los riesgos de ... y la solvencia de la clientela.

6. Servicio financiero que facilita la gestión de los cobros.

7. Empresa que gestiona el cobro de otras empresas. (Al revés)

8. Las sociedades factor se encargan básicamente de la gestión de ...

9. La deuda se salda con un .... (al revés)

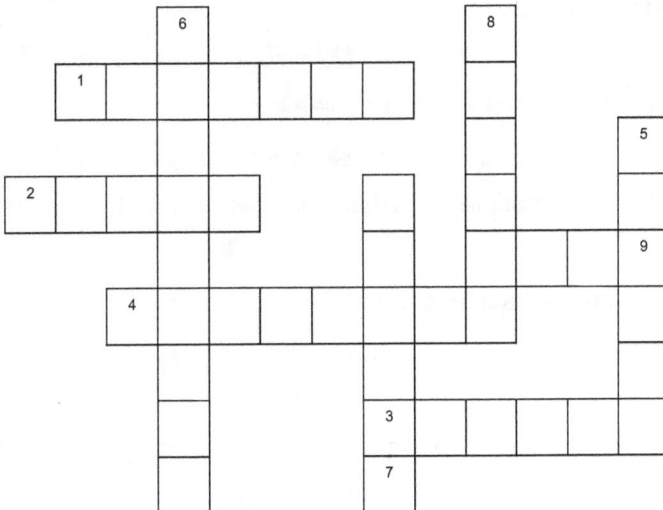

47 EL BANCO CENTRAL - EL TESORO PÚBLICO Y LA DEUDA PÚBLICA

I. Traduzca los términos siguientes:

a) Finanzministerium - ....

b) Staatsbudget - ....

c) Geldausgabe - ....

d) Zahlungsfähigkeit - ....

e) Zinssätze - ....

f) Zentralbank - ....

g) Staatsschuldbegebung - ....

II. Complete las siguientes frases con la palabra más adecuada según el contexto:

- El .... (1) es el responsable de la política fiscal de un país, mientras que el .... (2) lo es de la política monetaria.

- El .... (3) recoge tanto los ingresos como los gastos previstos para el próximo ejercicio.

- La .... (4), como obligaciones, bonos y letras, constituye una medida para financiar las cuantiosas inversiones del Estado.

- El banco central actúa sobre la inflación en un país mediante su función de .... (5).

- El banco central como banco de bancos controla a las instituciones financieras y les obliga a mantener unas reservas garantizando de esta manera su .... (6).

- Los bancos, por su parte, pueden acudir al banco central para conseguir financiación. De ahí que los .... (7) que aplique el banco central es de una importancia fundamental para la economía de un país.

48 LA POLÍTICA MONETARIA Y LA POLÍTICA FINANCIERA

I. Decida si las siguientes frases son verdaderas o falsas:

1. Uno de los objetivos principales de la política monetaria de un país es la estabilidad de su moneda.

V/F

2. El banco central actúa sobre el tipo de interés cuando lo cree conveniente para controlar la inflación.

V/F

3. Los bancos centrales son tan potentes que pueden imponer sus políticas a los mercados internacionales de divisas.

V/F

4. Mediante la fijación del tipo de interés, el banco central está equilibrando la oferta y la demanda de créditos.

V/F

5. El objetivo principal de la política financiera es recaudar impuestos.

V/F

6. La política financiera de un país, cuya responsabilidad directa es del banco central, actúa sobre el tipo de interés.

V/F

7. Mediante la emisión de deuda pública se intenta financiar las actividades del Estado.

V/F

8. Por las cuantiosas inversiones que en ella se realizan, la emisión de deuda pública también condiciona el precio del dinero.

V/F

II. Complete el texto con las palabras siguientes:

a) subir   e) pequeña   j) gastos

b) unidad   f) masa monetaria   k) inflación

    monetaria   g) tipo de interés   l) emisión de

c) elevado   h) reducirán   dinero

d) bajar   i) bajarán   m) presupuestos

• Cuando en un país se emite demasiado dinero, se habla de una .... (1) excesiva. En este caso el valor de la unidad monetaria se reduce y los precios tienden a .... (2).

• Pero si, por el contrario, la masa monetaria es .... (3), el valor de la .... (4) es alto y los precios tienden a .... (5).

• Si el .... (6) de la deuda emitida por el Estado es alto, el interés de los créditos será .... (7) y los consumidores .... (8) el consumo. Luego, los precios .... (9).

• Hoy en día los .... (10) de la gran mayoría en los países muestran déficit, cuya financiación no debe pasar por la .... (11) por la consecuencia que ello tendría en la .... (12).

• A primera vista parece muy lógico que los .... (13) de un Estado no rebasen sus ingresos. Pero también se justifica cierto déficit porque son las generaciones futuras las que van a beneficiarse de las inversiones de hoy.

49 EL BANCO MUNDIAL (BM) Y EL FONDO MONETARIO INTERNACIONAL (FMI)

I. Complete cada frase con la palabra o expresión correspondiente:

- En sus inicios, el Banco Mundial se denominaba .... (1).

- Normalmente las inversiones que intenta promover el Banco Mundial son a .... (2).

- Actualmente, la actividad del Banco Mundial se centra en la concesión de .... (3) a determinados proyectos, y el .... (4) de aquéllos puede llegar a ser de treinta años.

- El FMI se centra básicamente en fomentar la cooperación internacional en materias .... (5) y .... (6).

- La importancia del FMI se concentra en asegurar la estabilidad de los .... (7).

- Los países miembros del FMI pagan una cuota para dotar las .... (8) del FMI.

- Los créditos a corto plazo concedidos por el FMI se denominan .... (9).

- Tanto el BM como el FMI piden a los países deudores planes de .... (10) muy severos que muchas veces afectan en primer lugar a las clases más pobres.

50 LOS MERCADOS FINANCIEROS

I. **Complete la siguiente noticia escogiendo el término más adecuado para cada espacio:**

a) activos financieros

b) mercado de divisas

c) cotizaciones

d) obligaciones

e) bolsas

f) mercado de valores

Viernes negro en los mercados financieros

El .... (1) fue el centro de atención en la jornada de este viernes, con un desplome del dólar frente el euro y al yen que arrastró también a las monedas latinoamericanas más importantes. El nerviosismo provocado por esta caída se sintió también en muchas .... (2) latinoamericanas, donde las .... (3) de las acciones y .... (4) se vieron fuertemente afectadas.

Así, el Bovespa, el índice del .... (5) de Sao Paulo, cerró con una baja de casi el 6 por ciento, caída provocada sobre todo por la venta masiva de títulos por parte de inversores extranjeros. Sin embargo, muchos analistas creen que se está exagerando actualmente el riesgo de las inversiones en Brasil y que la economía del país sigue teniendo buenas perspectivas. En palabras de uno de ellos: "Los .... (6) de Brasil, así como su equipo de fútbol podrán tener un gran desempeño en un futuro muy próximo."

II. **Complete con la preposición adecuada (de – a – X):**

1. mercados ...... financieros

2. mercados ...... divisas

3. créditos ...... corto plazo

4. productos ...... derivados

5. títulos ...... valores

6. títulos ...... renta fija

51 LA BOLSA -
LOS ÍNDICES BURSÁTILES

I. Complete el siguiente artículo:

a) resultados   c) máximos   e) sesión

b) contratación   d) puntos   f) índice

Cosecha de récords para la Bolsa española

El Ibex 35 gana el 31,79%, la mayor subida entre los grandes mercados, y

el volumen de .... (1) supera el billón de euros

La Bolsa española ha registrado en 2006 la mayor subida de los ocho

últimos años, con el 31,79% en su índice Ibex 35, y se superan los

.... (2) históricos de 2000, al tiempo que tanto la

contratación como la capitalización del mercado han superado por

primera vez el billón de euros.

El dato más llamativo es el de su principal .... (3),

el Ibex 35, que ofrece una ganancia del 31,79% para el conjunto del

ejercicio -la mayor desde 1998- y termina en 14.146,50

.... (4).

La diferencia entre la situación del mercado en el año 2000 y la actual

está en que hace seis años se registraba el boom de las empresas

tecnológicas en el que la valoración de expectativas era libre y primaba

sobre cualquier otra consideración, lo que llevó a situaciones de euforia,

mientras que la subida de precios de este año se debe a los

.... (5) empresariales de las sociedades cotizadas

que, al cierre del tercer trimestre, se situaban en 33.947 millones de

euros, con una subida del 32% sobre el mismo periodo del año anterior.

La contratación en acciones ha superado este año por primera vez en la

historia de la Bolsa el billón de euros, con datos de finales de noviembre,

y en una sola .... (6), el pasado día 15 de

diciembre, se han llegado a negociar 13.852 millones de euros.

II. Busque la traducción de estos términos y luego póngalos en el lugar correspondiente:

a) Rohstoffe - ....

b) Vergütung - ....

c) Angebot u. Nachfrage - ....

d) Notierung - ....

e) Wertpapiere - ....

f) die Investition auflösen - ....

g) Index - ....

III. Complete con los términos del ejercicio II:

- En la bolsa se encuentran .... (1), y el acuerdo de estas dos fuerzas establece la .... (2) o el precio de los títulos valores.

- La bolsa generalmente permite a los inversores obtener una .... (3) mayor por su dinero que la ofrecida por la mayoría de los productos bancarios.

- Para las empresas la emisión de .... (4) supone otra vía para captar financiación distinta a la ofrecida por las entidades crediticias.

- La posibilidad que tienen los accionistas de vender sus acciones en el mercado secundario les asegura la capacidad de .... (5).

- Existen bolsas de valores de renta fija (obligaciones), de valores de renta variable (acciones), de .... (6) (por ej. metales) y de divisas.

- Para tener una idea del comportamiento global de un mercado de valores los inversores observan el .... (7) de este mercado, que se calcula a base de los valores más representativos.

52 LOS FONDOS DE INVERSIÓN

I. Una cada una de estas frases con el final adecuado:

1. La ventaja que presenta para un inversor un fondo frente a una inversión individual en bolsa es que

2. La ventaja que presentan los fondos de renta variable frente a los de renta fija es que

3. El capital del fondo es propiedad de todos los partícipes pero no está gestionado por ellos sino por la sociedad gestora, la cual decide, entre otras cosas, si

a) la ganancia puede ser mayor, el problema es que el riesgo también es más grande.

b) el valor de las participaciones debe ser modificado o no.

c) el fondo presenta la comodidad de no tener que gestionar la inversión y, además, es más seguro porque el riesgo se reparte entre todos los valores que hay en el fondo.

II. Identifique en qué valores invierte cada fondo de inversión:

1. fondos de inversión inmobiliaria	a) acciones
2. fondos de inversión en renta fija	b) títulos a corto plazo
3. fondos de inversión en activos del mercado monetario	c) edificios
4. fondos de inversión en renta variable	d) obligaciones
5. fondos de inversión mixtos	e) bonos y acciones

III. Complete el siguiente anuncio de un fondo de inversión con estas palabras:

a) rentabilidad   d) liquidez   g) ingresos y

b) partícipe   e) beneficios   reintegros

c) títulos   f) riesgo

Superfondos Bankpyme con más ventajas:

🕊................................ **(1) alta:**

Una de las mayores ventajas de los Superfondos es que, con una pequeña inversión, se obtienen ganancias semejantes a las que puede conseguir el gran capital. Además, los rendimientos se invierten en el propio fondo generando aún más beneficios.

🕊**Seguridad total:**

El capital se invierte en .... (2) de máxima garantía y solidez que no presentan ningún .... (3).

🕊................................ **(4) inmediata:**

El .... (5) puede retirar en cualquier momento una parte o todo su dinero, sin preocuparse por plazos ni vencimientos y sin penalización alguna.

🕊**Fiscalidad muy ventajosa:**

Los .... (6) son netos, sin retenciones.

🕊**Funcionamiento sencillo:**

Operar es cómodo y fácil. Se pueden efectuar tantos .... (7) como se desee, sin gastos de ningún tipo.

53 LA ACCIÓN -
LAS OBLIGACIONES Y LOS BONOS

I. Una cada uno de estos términos con su explicación:

1. acción	a) Diferencia positiva entre el precio de compra y el de venta.
2. plusvalía	b) Valor al que cotizan las acciones en bolsa.
3. dividendo	c) Título de renta variable.
4. valor nominal	d) Parte de los beneficios no reinvertidos que corresponde a cada acción.
5. valor real	e) Valor monetario que figura en los títulos y representa la participación de su poseedor en el capital social.

II. Con la información que tiene sobre las acciones y las obligaciones complete este cuadro:

	acciones	obligaciones
tipo de renta		
nombre de la renta que devenga		
estatus legal del poseedor (accionista – obligacionista)		
tipo de la institución que emite el título		

III. Ponga en estas frases uno de los verbos siguientes en la forma apropiada:

a) subir   b) devengar   c) emitir   d) cotizar

- El cambio del ciclo económico ha hecho que el sector petroquímico, el petróleo, las químicas y las papeleras, ... (1) al alza.
- Telefónica tiene previsto, dentro de su estrategia financiera, ... (2) nuevamente acciones.
- La cotización de las acciones de Iberdrola .... (3) de 36,45 a 40,79 euros en tan sólo tres semanas.
- Los intereses que .... (4) las obligaciones de cupón cero se pagan al vencimiento de las mismas.

IV. Complete esta noticia con las siguientes palabras:

a) valor nominal   c) devengarán un   e) cotizarán

b) emisor   interés   f) obligaciones

                              d) amortización

AUREX sorprende los mercados financieros

La compañía estudia lanzar una emisión de .... (1) por un importe de 750 millones de euros.

Los títulos tienen un valor nominal de 100.000 euros cada uno y .... (2) del 4,375 %.

La .... (3) está prevista para el 28 de diciembre del año 2025, al 100% del .... (4). Sin embargo, el .... (5) podrá amortizar anticipadamente la emisión, también al 100%.

Las obligaciones .... (6) en el Mercado de Renta Fija.

54 LA OPCIÓN -
LOS CONTRATOS DE FUTUROS

I. Complete el siguiente texto ayudándose de estos términos:

a) derivados

b) especuladores

c) cámara de compensación

d) futuros financieros

e) asegurar precios

f) opciones

MEFF, LIFE, MATIF y TIFFE son las siglas de distintos mercados de productos .... (1) donde a parte de futuros financieros también se negocian .... (2). En todos ellos existe una .... (3) que organiza las compras y ventas.

En el mercado de futuros, aparte de .... (4), intervienen otros agentes económicos que intentan .... (5).

Existen distintos tipos de mercados de futuros, unos actúan sobre materias primas y otros sobre tipos de interés o índices bursátiles. Son los mercados de .... (6).

II. Indique la alternativa correcta:

1. Comprar una opción de compra implica

   a) pagar un precio para tener derecho a comprar la acción.

   b) pagar un precio para ser co-propietario de la acción.

2. Cuando llega el día en que se ha de ejercer la opción de compra, la cotización es de 100 euros mientras que el precio previsto en la opción (precio de ejercicio) es de 80.

   a) Resulta rentable ejercer la opción porque puede comprarse la acción a 80 euros y venderla en el mercado a 100 euros. Así ganamos 20 euros.

   b) No es posible que nos vendan por 80 euros lo que en el mercado vale 100.

3. Cuando llega el día en que se ha de ejercer la opción, la cotización es de 70 euros mientras el precio previsto en la opción es de 80.

   a) Si ejercemos la opción deberemos pagar 80 euros y nos entregarán una acción que podríamos comprar en el mercado a 70 euros. No interesa ejercer.

   b) Estamos obligados a comprar la opción por 80 euros.

III. Forme los términos siguientes juntando un elemento de la columna A con otro de la columna B.

1. Kassamarkt - ....

2. Basiswert - ....

3. Finanzaktivum - ....

4. Kaufoption - ....

5. Financial Future - ....

6. Clearingstelle - ....

7. Rohstoffe - ....

8. Wertverlust - ....

9. Optionspreis - ....

A	B
mercado	primas
futuro	financiero
cámara	financiero
materias	al contado
pérdida	subyacente
activo	de compra
opción	de compensación
precio	de valor
activo	de la opción

55 EL SEGURO

I. Relacione el término con su correspondiente definición:

1. tomador:	a) Persona que cobra la indemnización en caso de siniestro.
2. asegurado:	b) Persona que contrata un seguro.
3. asegurador:	c) Cuota periódica que se paga al asegurador.
4. póliza:	d) Empresa que acepta cubrir el riesgo.
5. prima:	e) Persona que se asegura.
6. beneficiario:	f) Contrato del seguro.

II. Decida si los siguientes enunciados son verdaderos o falsos:

1. Existe la posibilidad de contratar seguros para casi todo tipo de siniestros, desde el robo de un coche hasta una mala cosecha.
V/F

2. El beneficiario del seguro normalmente coincide con el asegurado como en el caso del seguro de vida.
V/F

3. Los seguros son operaciones financieras mediante las cuales el asegurado intenta cubrirse de cierto riesgo.
V/F

4. Los llamados seguros obligatorios son fijados por las compañías aseguradoras para obtener ingresos garantizados.
V/F

5. El seguro de responsabilidad civil es aquél que debe pagarse a la Seguridad Social en caso de ser propietario de un coche.

V/F

6. Hoy en día, puede considerarse que la contratación de un seguro en muchos casos constituye una forma de colocar los ahorros.

V/F

III. Un crucigrama

1. Lebensversicherung (3 pal.)
2. Bankrott
3. Schaden
4. Risiko abdecken: ... el riesgo
5. eine Versicherung
   abschließen: ... un seguro

6. Entschädigung
7. Schadensfall
8. Haftpflichtversicherung:
   seguro de responsabilidad ...
9. Versicherungsgesellschaft:
   compañía ...

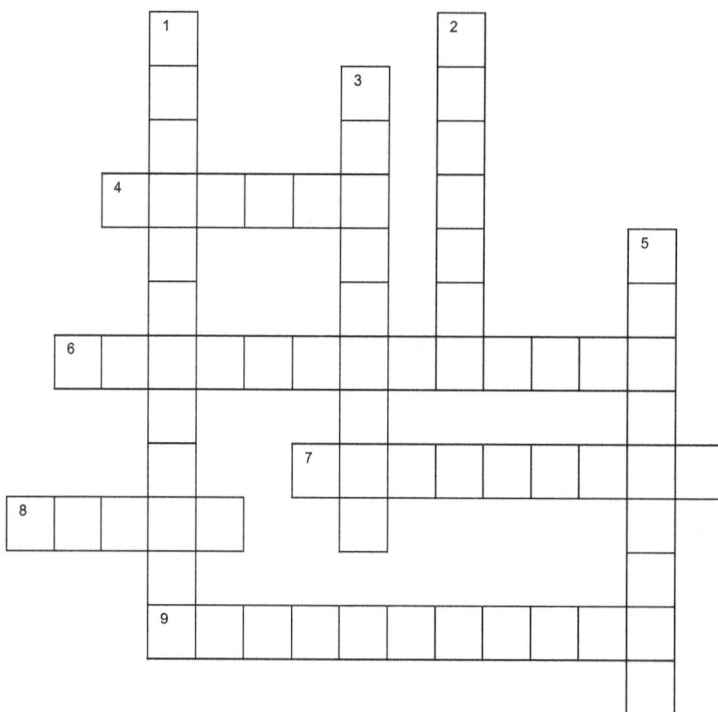

56 EL SISTEMA FINANCIERO ESPAÑOL

I. Relacione los organismos con las funciones correspondientes:

Organismo:	Función:
1. Banco de España	a) máxima autoridad del sistema financiero
2. Comisión Nacional del Mercado de Valores	b) emisión de deuda pública y control de la masa monetaria
3. Dirección General de Seguros	c) control de las entidades bancarias
4. Dirección General del Tesoro y Política Financiera	d) máxima autoridad sobre las bolsas
5. Ministerio de Economía y Hacienda	e) control del funcionamiento de las compañías de leasing y factoring
	f) supervisión de la actuación de los fondos de inversión
	g) regulación de las compañías de seguros

II. Ahora relacione los mercados con los productos que se negocian en ellos:

Mercados:	Productos:
1. de renta fija	a) acciones
2. de renta variable	b) futuros
3. de productos derivados	c) obligaciones
	d) opciones

SOLUCIONES

1	LOS BIENES ECONÓMICOS

I.   1. bienes materiales = tangibles; 2. bienes inmateriales = intangibles
II. intermedio: b), e); final: a), c), d), f)
III. materia prima: b), d); producto semi-elaborado: c), f);
     producto acabado: a), e)
IV. sustitutivo: b), d), e), f), g); complementario: a), c), h)
V.   1. necesitar, 2. consumir, 3. satisfacer, 4. producir, 5. desear,
     6. transformar

2	LOS SECTORES ECONÓMICOS

I.   sector primario: agricultura, ganadería, minería, pesca;
     sector secundario: construcción, industria manufacturera;
     sector terciario: comercio minorista, comercio al por mayor
     ("Servicios")
II. a) economía forestal / silvicultura, b) flota pesquera, c) industria manu-
     facturera / transformadora, d) industria alimenticia / alimentaria,
     e) servicios financieros, f) industria pesada, g) ramos / ramas /
     subsectores, h) ganadería / sector ganadero
III. 1. c), 2. d), 3. f), 4. b), 5. g), 6. e), 7. h), 8. i), 9. a)

3	EL DINERO Y LA MONEDA

I.   1. c), 2. b), 6. d)
     3. Geldentwertung, 4. Geld wechseln, 5. Geld überweisen
     a) gewinnen / verdienen, e) prägen, f) investieren
II. 1. c), 2. e), 3. f), 4. g), 5. a), 6. h), 7. d), 8. b)
III. 1. 6h), 2. 1c), 3. 3f), 4. 2e), 5. 8b), 6. 4g), 7. 5a), 8. 7d)

4	EL AHORRO, EL CONSUMO, LA FINANCIACIÓN Y LA INVERSIÓN

I.

sustantivo	sustantivo persona	verbo	adjetivo
el consumo, la consumición	el consumidor	consumir	consumista, consumible
el ahorro	el ahorrador, el ahorrista	ahorrar	ahorrador, ahorrista
la inversión	el inversor, el inversionista	invertir	inversor, inversionista
la gestión	el gestor	gestionar	gestionable
la especulación	el especulador	especular	especulativo, espectulador

II.

```
                                          ¹I
                              ²F           N
              ³A  C  C  I  Ó  N            F
                              N            L
          ⁴H  U  ⁵C  H  A                  A
                  O      N                 C
                  N      ⁶C  A  R  T  I  L  L  A
                  S      I                 Ó
⁷E  S  P  E  C  U  L  A  C  ⁸I  Ó  N
                  M      C      N
⁹I  N  V  E  R  S  I  O  N  I  S  T  A
                         Ó      E
                         N      R
                                É
              ¹⁰I  N  G  R  E  S  O  S
```

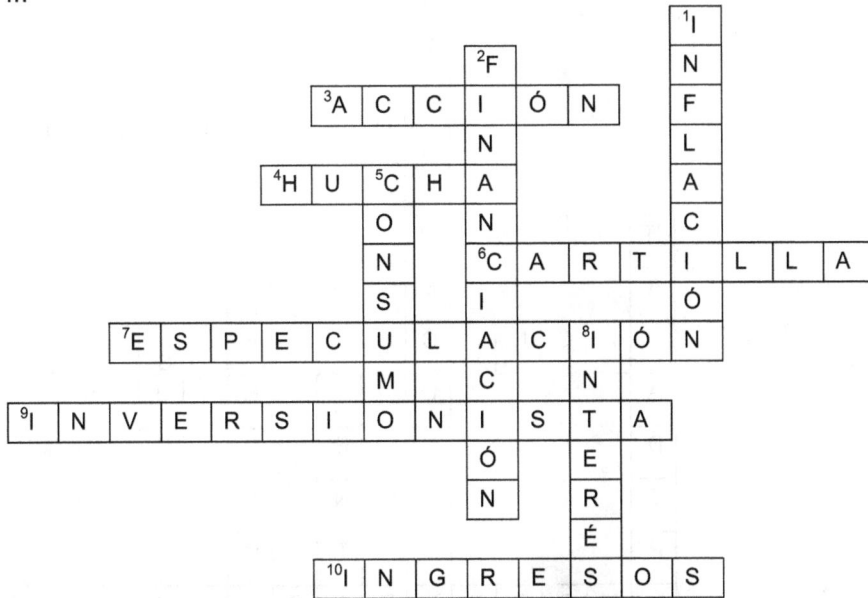

III. 1. e), 2. b), 3. h), 4. c), 5. a), 6. g), 7. d), 8. f)

5	LA ECONOMÍA DE MERCADO - LA OFERTA Y LA DEMANDA

I. 1. b), 2. a), 3. c), 4. d), 5. a), 6. b)

II. 1. la cuota, 2. el nicho, 3. regular, 4. escasa, 5. de lujo

6	LOS MONOPOLIOS Y OLIGOPOLIOS

I. a) privatización, b) demanda, c) competencia, d) mercado, e) competidores, f) monopolios estatales, g) oligopolista

II. 1. c), 2. d), 3. g), 4. e), 5. b), 6. a), 7. f)

7	PRODUCTO INTERIOR BRUTO (PIB), PRODUCTO NACIONAL BRUTO (PNB) Y RENTA NACIONAL - LA COYUNTURA

I. ver página siguiente

II. 1. impuestos indirectos, 2. subvenciones, 3. amortizaciones, 4. renta nacional

III. 1. b), 2. b), 3. c), 4. a), 5. b), 6. a)

I.

										[6]C								
										I								
										[9]C	O	Y	U	N	T	U	R	A
										L								
					[1]T					O								
					A					E				[13]P				
[5]D	E	[10]P	R	E	S	I	Ó	N		C				E		[3]S		
		I			A					O		[2]R		R		U		
[12]P	N	B			D					N		E		C		B		
					E					Ó		N		Á		V		
					P					M		T		P		E		
					[4]A	M	O	R	T	I	Z	A	C	I	Ó	N		
					R					C		N		T		C		
					O		[8]V	[11]A	L	O	R	A	Ñ	A	D	I	D	O
							U					C						
							G					I						
	[7]N	O	R	E	M	U	N	E	R	A	D	O						
												N						
												A						
												L						

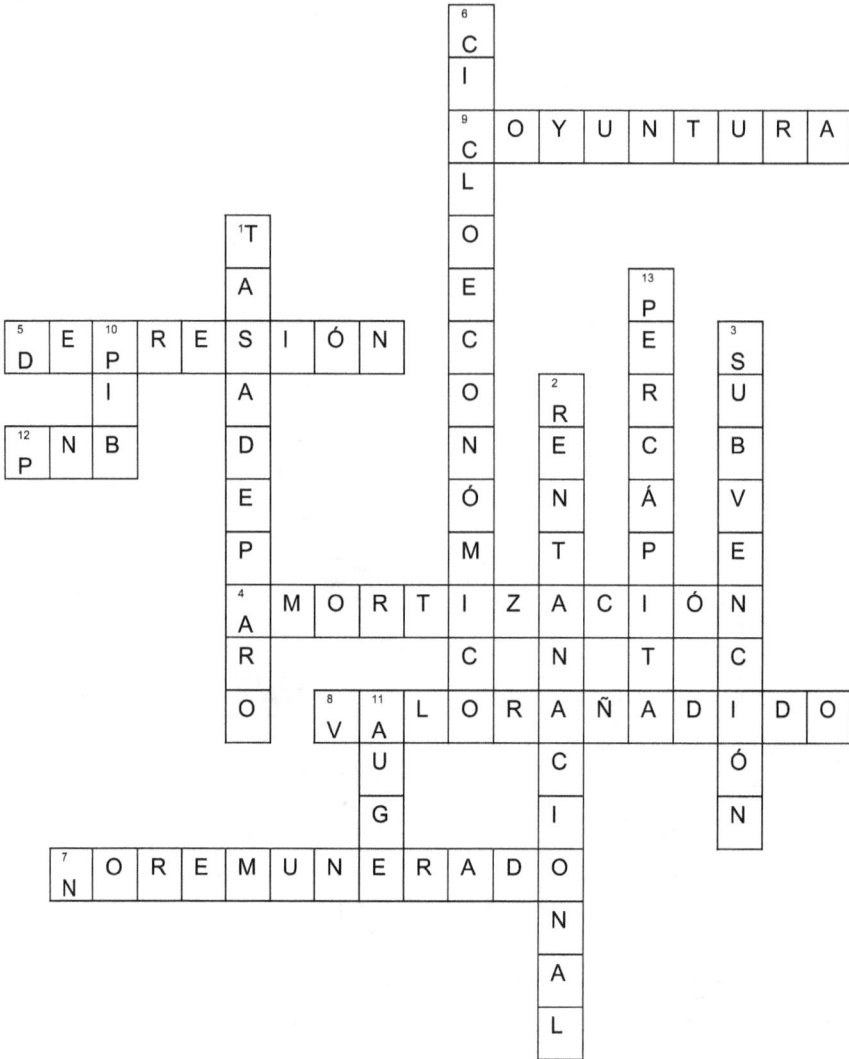

8 LOS INGRESOS Y LA RENTA

I. 1. f), 2. c), 3. b), d), e), 4. g), 5. a)

II. 1. remuneración que reciben los empleados, 2. remuneración que reciben los obreros, 3. salario en el sector agrario que se paga diariamente, 4. remuneración que cobran los trabajadores por cuenta propia (profesiones liberales), 5. término que abarca ingresos y rentas de todo tipo

III. a) gasto, b) impuestos, c) rentas de capital, d) retenciones fiscales

9 LA DISTRIBUCIÓN DE LA RENTA, EL NIVEL Y LA CALIDAD DE VIDA

I. 1. f), 2. c), 3. a), 4. e), 5. b), 6. d), 7. g)

10 LOS PAÍSES INDUSTRIALIZADOS, LOS PAÍSES EMERGENTES Y LOS PAÍSES EN VÍAS DE DESARROLLO - EL DESARROLLO SOSTENIBLE

I.+II. ver página siguiente

III.

```
15F                     1M  A  T  E  R  I  A  S  P  R  I  2M  A  S
 Ó                                                         E
 S                  6L  L  U  V  I  A  Á  C  I  D  A
 I                                                         I
 L              8D                                          O           3A
4D  E  U  D  A   E  X  T  E  R  N  A                       A           G
 S              F                                          M           U
                O      9S              12I                 B           J
        11R     R      O               N                   I           E
         E      E      S        5P     C                   E           R
         C      S     7T  E  R  C  E  R  M  U  N  D  O      N           O
         I      T      E        I      N                   T           D
         C      A      N        M      T                   A           E
13
14D E  S  L  O  C  A  L  I  Z  A  C  I  Ó  N              L           O
 A      A      I       B        R      V                               Z
 Ñ      J      Ó       L        I      O                               O
10I N  V  E  R  N  A  D  E  R  O                                       N
 N                                                                     O
 O
```

I. a) estado de desarrollo, b) países emergentes / nuevos países industrializados, c) países industrializados, d) materias primas / recursos naturales, e) primario y secundario, f) Organización de Cooperación y Desarrollo Económico (OCDE), g) subdesarrollados / en vías de desarrollo, h) productos elaborados / manufacturados

II. 1. c), 2. a), 3. f), 4. e), 5. b), 6. g), 7. d), 8. h)

11 LA INFLACIÓN - EL ÍNDICE DE PRECIOS DE CONSUMO (IPC)

I.

⁴P	U	U	V	²T	¹³I	I	I	A	T	O	B	K	R	L	Q	W	L	O
O	Z	D	V	N	A	N	C	T	H	H	X	J	Y	U	¹⁰E	V	D	¹G
D	L	Y	⁹S	M	B	S	¹²G	L	O	E	K	H	Z	H	M	A	C	A
E	E	H	U	C	M	M	A	R	R	I	Z	T	X	¹¹L	P	M	A	S
R	I	⁶P	B	C	R	R	L	D	E	L	R	Z	R	A	R	K	M	T
D	D	O	I	Y	M	K	O	N	E	S	O	H	L	T	E	J	M	O
E	E	N	D	X	O	K	P	F	A	I	O	Q	H	E	S	H	F	P
C	I	D	A	R	B	O	A	E	X	H	N	S	S	N	A	W	L	Ú
O	N	E	S	F	G	P	N	S	C	O	S	F	F	T	R	A	H	B
M	T	R	A	A	L	G	T	H	H	E	C	O	L	E	I	E	D	L
P	H	A	L	R	C	H	E	N	R	Z	Q	R	O	A	O	Z	I	I
R	E	C	A	I	V	V	O	A	Ö	A	M	K	A	Z	C	Z	Z	C
A	Z	I	R	D	T	J	G	G	R	F	Q	L	O	N	M	I	Y	O
L	O	Ó	I	D	K	O	O	G	G	H	J	L	W	J	N	K	Ó	N
M	X	N	A	Q	⁸H	X	U	K	U	R	M	O	C	L	Z	T	G	N
⁷I	N	F	L	A	C	I	Ó	N	S	U	B	Y	A	C	E	N	T	E
⁵C	E	S	T	A	D	E	L	A	C	O	M	P	R	A	H	T	F	B
³A	G	E	N	T	E	S	E	C	O	N	Ó	M	I	C	O	S	Q	E
S	Z	Z	E	T	T	N	R	L	X	T	R	W	W	O	W	C	Q	H

II. 1. V, 2. V, 3. F, 4. V, 5. F, 6. F

III. 1. c), 2. g), 3. e), 4. a), 5. f), 6. d), 7. b)

12 LOS TRIBUTOS - EL IMPUESTO SOBRE LA RENTA DE LAS PERSONAS FÍSICAS (IRPF) - EL IMPUESTO SOBRE EL VALOR AÑADIDO (IVA) - LA PRESIÓN Y EL FRAUDE FISCAL

I. 1. c), 2. a), 3. b), 4. d)

II. directos: a), b), d), e), i); indirectos: c), f), g), h)

III. 1. c), 2. b), 3. a), 4. b), 5. c)

IV. 1. d) defraudar, 2. f) adquiría, 3. g) declarándolo, 4. b) IVA, 5.+ 6. e) IRPF + c) impuesto sobre (la renta de las) sociedades, 7. a) blanqueo

V.

sustantivo	sustantivo agente	verbo	adjetivo
la recaudación	el recaudador	recaudar	recaudatorio
el impuesto, la imposición	-	imponer	impositivo, imponible
el tributo la tributación	el tributante	tributar	tributario
la contribución	el contribuyente	contribuir	contributivo
la declaración	el declarante	declarar	declarativo, declaratorio
el fraude, la defraudación	el defraudador	defraudar	fraudulento
el presupuesto	-	presupuestar	presupuestario

13 LA POLÍTICA FISCAL Y LA POLÍTICA PRESUPUESTARIA

I. 1. b), 2. e), 3. a), 4. d), 5. c)

II.

Crucigrama (across y down):

- ⁵ PLAZO
- ⁶ PARTIDA
- ⁷ GASTO
- ⁹ DEUDA PÚBLICA
- ¹² ENDEUDAMIENTO
- ¹³ RECAUDACIÓN
- ¹⁴ GRAVAR
- ¹⁶ IMPUESTO
- ¹⁸ TRIBUTO
- ¹⁹ GOBIERNO
- ²⁰ DEFICITARIO

Verticales:
- ⁴ BIENESTAR
- ¹ TASA
- ² CONTRIBUCIÓN
- ³ PROGRESIVIDAD
- ⁸ AJUSTE
- ¹⁰ DÉFICIT
- ¹¹ PRESUPUESTO
- ¹⁵ APROBAR
- ¹⁷ CUBRIR
- ¹⁶ IMPUESTO / IMPÚBLICO

14 LOS TIPOS DE TRABAJO Y LA OCUPACIÓN - LOS CONTRATOS LABORALES - LA POLÍTICA LABORAL

I. 1.+2. j) / l), 3. b), 4. e), 5. m), 6. i), 7. f), 8. g), 9. a), 10. c), 11. h), 12. d), 13. k)

II. 1. b), 2. c), 3. a), 4. a), 5. b), 6. c)

III. 1. h) laboral, 2. e) empleos fijos, 3. f) indefinido, 4. c) contratos fijos, 5. a) obreros y empleados, 6. d) mercado laboral, 7.+8. k) jubilación / i) despido, 9. b) empresa, 10. g) tiempo parcial, 11. l) media jornada, 12. m) desempleo / paro / desocupación, 13. j) desempleados / parados / desocupados

15 LOS SINDICATOS Y LAS PATRONALES - LAS NEGOCIACIONES SALARIALES - LA HUELGA

I. 1. F, 2. F., 3. V, 4. V, 5. F, 6. V, 7. V, 8. F, 9. F., 10. F., 11. V

II. a) Unión General de Trabajadores, b) Comisiones Obreras, c) Confederación Española de Organizaciones Empresariales, d) Confederación Española de la Pequeña y Mediana Empresa

III.

(1)H	O	R	A	(2)S	E	X	T	R	A								(3)D
				E						(4)D	E	H	A	M	B	R	E
		(5)D		C													R
(6)C		E		(7)T	R	A	B	A	J	O	L	E	N	T	O		E
I		S		O													C
E		P		R													H
(8)R	E	I	V	I	N	(9)D	I	C	A	C	I	Ó	N				O
R		D		A		E											A
E		O		L		C											L
				L		(10)H	U	E	L	G	U	I	(11)S	T	A		
(12)G	(13)E	N	E	R	A	L										A	H
(14)C	S			R		(15)P	R	E	(16)S	I	Ó	N				A	U
O	Q			A		I			A							I	E
N	U			R		Q			L							D	L
V	I			S		U			V							A	G
O	R	(17)R	O	M	P	E	H	U	E	L	G	A	S			D	A
(18)C	E	L	O			T			J								
A		L		(19)A	D	V	E	R	T	E	N	C	I	A			
R						S											

16 LA POBLACIÓN ACTIVA Y LA POBLACIÓN OCUPADA - EL DESEMPLEO O PARO - EL SUBSIDIO DE DESEMPLEO

I.   1. b), 2. c), 3. g), 4. e), 5. d), 6. a), 7. f)
II. 1. F, 2. V, 3. F., 4. F, 5. V, 6. F, 7. F
III.

Crucigrama (solución):

```
                                              ¹E
                                          ²P  P
            ³T  R  A  B  A  J  O  T  E  M  P  O  R  A  L
                                              B
      ⁴D              ⁵J  U  V  ⁶E  N  I  L
       E                      M          ⁷A  U  G  E
       M                      P              C
       O        ⁸T  A  ⁹S  A   L              I
       G              U        E              Ó       ¹⁰S
 ¹¹P  A  R  O        B    ¹²/¹³C  O  Y  U  N  T  U  R  A
       Á              S        O              A        M
       F              I        L              C        E
       I              D    ¹⁴C  O  B  E  R  T  U  R  A
       C              I        C              I        G
 ¹⁵M  A  N  O  D  E  O  B  R  A              V        I
                  ¹⁶C  I  F  R  A                      D
                      I                                A
                      Ó
          ¹⁷F  E  M  E  N  I  N  O
```

Palabras horizontales:
3. TRABAJO TEMPORAL — 5. JUVENIL — 7. AUGE — 8. TASA — 11. PARO — 13. COYUNTURA — 14. COBERTURA — 15. MANO DE OBRA — 16. CIFRA — 17. FEMENINO

17 LA SEGURIDAD SOCIAL - LA ASISTENCIA SANITARIA Y LAS PENSIONES DE JUBILACIÓN

I.   1. b), 2. a), 3. b), 4. a), 5. b), 6. c), 7. c)

II.

P	N	C	D	I	J	Z	O	F	O	J	A	E	S	U	H	B	M	E
¹¹P	R	E	S	T	A	C	I	Ó	N	F	S	R	W	U	U	B	C	Q
U	A	N	L	F	E	S	G	K	N	M	M	R	M	W	G	D	C	T
D	T	H	¹⁰T	I	T	U	L	A	R	⁶C	O	T	I	Z	A	N	⁹T	E
W	P	W	R	X	Z	K	W	Z	Z	Z	Q	C	X	B	U	Y	R	V
M	¹⁶I	N	C	A	P	A	C	I	D	A	D	L	A	B	O	R	A	L
¹⁷P	E	N	S	I	Ó	N	D	E	V	I	U	D	E	D	A	D	T	L
H	A	V	C	C	²S	A	N	I	D	A	D	Y	G	U	R	¹⁵I	A	E
⁷E	N	V	E	J	E	C	I	M	I	E	N	T	O	P	C	N	M	M
H	A	S	W	Q	O	D	Y	A	G	M	G	W	I	F	D	V	I	Z
⁸G	A	S	T	O	S	S	A	N	I	T	A	R	I	O	S	A	E	X
E	T	L	O	O	D	G	L	K	K	Y	C	F	Y	Q	C	L	N	T
¹⁴E	D	A	D	D	E	J	U	B	I	L	A	C	I	Ó	N	I	T	L
¹⁸P	E	N	S	I	Ó	N	D	E	O	R	F	A	N	D	A	D	O	¹³C
A	O	Z	K	R	W	N	N	L	F	W	Q	E	Q	T	Y	E	I	O
³F	P	S	U	⁴C	O	T	I	Z	A	C	I	Ó	N	V	P	Z	I	B
¹E	S	T	A	D	O	D	E	B	I	E	N	E	S	T	A	R	F	R
¹²P	A	R	T	I	D	A	D	E	G	A	S	T	O	S	R	X	Q	A
R	W	S	⁵P	R	E	S	U	P	U	E	S	T	O	R	T	B	F	R

18 LA ECONOMÍA SUMERGIDA

I.   1. b), 2. d), 3. b), 4. d), 5. c), 6. a), 7. b)

19 LA EMPRESA

I.   1. f), 2. e), 3. g), 4. h), 5. a), 6. d), 7. c), 8. b)
II.   1. e), 2. f), 3. g), 4. c), 5. d), 6. b), 7. h), 8. a)

20 LA SOCIEDAD ANÓNIMA Y LA SOCIEDAD LIMITADA - LA SO-CIEDAD COLECTIVA Y LA SOCIEDAD COMANDITARIA - LA SO-CIEDAD COOPERATIVA Y LA SOCIEDAD ANÓNIMA LABORAL

I.   1. a), 2. a), 3. a), 4. a), 5. b), 6. a), 7. b)
II.   1. d), 2. f), 3. a), 4. e), 5. b), 6. c)

21 LA CONTABILIDAD

I.   1. c), 2. a), 3. e), 4. b), 5. g), 6. d), 7. f), 8. h)
II.   1. 1c), 2. 8h), 3. 3e), 4. 7f), 5. 2a), 6. 4b), 7. 5g), 8. 6d)

22 EL BALANCE Y LA CUENTA DE PÉRDIDAS Y GANANCIAS

I.   1. c), 2. a), 3. b)

II. 1. a)+c), 2. f), 3. g)+h)+i), 4. b)+d)+e)+j)+k)+l)

23 LA FACTURACIÓN, LA CIFRA DE VENTAS Y LA CIFRA DE NEGOCIOS

I. 1. j) importe, 2. h) facturas, 3. c) ejercicio, 4. d) descuentos por pronto pago, 5. a) al contado, 6. e) ingresado, 7. g) cifra de negocios, 8. b) negocio propio, 9. i) objeto social, 10. k) devoluciones, 11. l) volumen de ventas, 12. f) cantidades

II. 1. i), 2. g), 3. j), 4. a), 5. c), 6. d), 7. b), 8. e), 9. f), 10. h)

24 LAS AMORTIZACIONES Y EL CASH-FLOW

I. 1. d), 2. a), 3. a), 4. b), 5. d), 6. c)

II.

O	A	Z	N	E	I	B	X	L	S	R
B	A	L	A	N	C	E	E	F	O	C
P	L	A	Z	A	A	E	X	Z	T	U
P	L	A	Z	O	R	L	A	O	Z	O
B	E	N	E	F	P	L	A	N	M	T
I	E	N	B	Q	P	Ñ	L	N	A	A
R	A	Z	I	T	R	O	M	A	C	P
V	U	N	B	E	N	U	Z	X	L	E
S	O	I	C	I	F	E	N	E	B	D

25 LA COMPETITIVIDAD Y LA PRODUCTIVIDAD

I.

verbo	adjetivo	sustantivo-acción/situación	sustantivo-capacidad/calidad de	sustantivo-actor
competir	competitivo, competidor	competencia, competición	competitividad	competidor
producir	productivo, producente, producible, productor	producción	productividad, producibilidad	productor, producente
ofertar, ofrecer	ofertado, ofrecido	oferta	ofrecimiento	ofertante, oferente
sustituir	sustituyente, sustituible, sustitutivo	sustitución	sustituibilidad	sustituto

II. 1. e), 2. g), 3. d), 4. h), 5. b), 6. c), 7. f), 8. j), 9. a), 10. i)

26   LAS CONCENTRACIONES EMPRESARIALES – LA ADQUISICIÓN Y FUSIÓN DE EMPRESAS

I.   a) fusiones, b) acciones, c) filiales, d) capital social, e) OPA, f) adquirir, g) adquisiciones

II.   1. e), 2. b), 3. c), 4. f), 5. g), 6. a), 7. d)

III.   1. oferta pública de adquisición de acciones; 2. pequeñas y medianas empresas; 3. Uniones Temporales de Empresas

IV.   1. a)+f), 2. c)+d), 3. b)+e)

27   LA GLOBALIZACIÓN

I.   1. d), 2. h), 3. g), 4. b), 5. f), 6. c), 7. e), 8. a)

II.

[1]F	[16]C	O	M	E	R	C	I	O	M	U	N	D	I	A	L		
L	[2]A	[3]C	O	N	V	E	R	T	I	B	I	L	[4]I	D	A	D	
E	B												N				
T	[5]A	D	Q	U	I	S	I	C	I	Ó	N		V				
E	[17]P	R	O	P	I	E	D	A	D				E				
M	A												R				[6]D
A	T						[7]P			[8]P			S				E
R	A			[9]L	I	B	R	E	C	O	M	E	R	C	I	O	S
Í	M						I			O			Ó				R
T	I						V			C			N				E
I	E						A			E							G
[10]M	A	N	U	F	A	C	T	U	R	[11]A	D	O	S				U
O	T						I			L							L
	O						Z		Z	[12]M	O	N	E	D	A		A
			[13]P	A	U	T	A	S		A							C
							C			E							I
[14]M	U	N	D	I	A	L	I	Z	A	C	I	Ó	N				Ó
Ó							Ó			T							N
[15]D	I	V	I	S	I	Ó	N			O							

28   LA INTEGRACIÓN ECONÓMICA

I.   1. a)+c), 2. b)+c)+d), 3. a), 4. a)+b)+c)+d), 5. c)+d), 6. b)

II.   transición, subvención, redistribución, Política Agrícola Común, estructurales, de cohesión

III. 1. nivel, 2. ventajas, 3. escala, 4. transparencia, 5. variedad, 6. productivo, 7. competitivos, 8. estabilidad, 9. tipos, 10. divisas, 11. tipos, 12. inflacionistas

29 EL LIBRECAMBIO Y EL PROTECCIONISMO

I.   1. b), 2. d), 3. d), 4. a), 5. c), 6. d), 7. c), 8. a)

30 LA ORGANIZACIÓN MUNDIAL DEL COMERCIO (OMC)

I.   1./2. Fondo Monetario Internacional (FMI) + Banco Mundial (BM)
     3. Aranceles Aduaneros y Comercio
II. 1. b), 2. d), 3. a), 4. c)
III. 1. C, 2. e), 3. g), 4. b), 5. j), 6. c), 7. i), 8. B, 9. f), 10. a), 11. h), 12. d)
IV. 1. F, 2. V, 3. F, 4. V, 5. V

31 LA BALANZA DE PAGOS

I.   1. por cuenta corriente, 2. de mercancías, 3. servicios, 4. rentas, 5. corrientes, 6. financiera, 7. Banco de España, 8. cartera, 9. derivados financieros, 10. omisiones
II. 1. bal. de capital, 2. bal. de servicios, 3. bal. financiera, 4. bal. comercial (= de mercancías), 5. bal. financiera (subbalanza: inversión directa), 6. bal. de transferencias corrientes, 7. bal. de servicios
III. 1.+3.+4.+5.+7.+9.

32 EL TIPO DE CAMBIO

I.   1. b), 2. f), 3. h), 4. a), 5. d), 6. g), 7. e), 8. j), 9. c), 10. i)
II. 1. d), 2. a), 3. c), 4. b), 5. e)

33 LA INVERSIÓN DIRECTA

I.   1. a) busca una influencia en la gestión de la empresa,
     1. b) pura inversión financiera, muchas veces con objetivos especulativos;
     2. a) mide la cuantía de inversiones **durante** un periodo,
     2. b) representa la suma de las inversiones realizadas **hasta** un determinado momento;
     3. a) desde un punto de vista jurídico es parte de la casa matriz,
     3. b) tiene independencia jurídica.
II. a) reinversión, b) capital social, c) fundar, d) participación, e) adquirir, f) empresa participada, g) aportación inicial, h) fusionar
III. 1. d), 2. b), 3. g), 4. a), 5. f), 6. c), 7. e), 8. h)
IV. 1. materias primas, 2. situación, 3. mano de obra, 4. infraestructura, 5. ventajas, 6. estabilidad, 7. salarial, 8. laboral, 9. subvenciones
V.   1. inversión directa extranjera / en el exterior
     2. Fondo Monetario Internacional

---

34 EL ANÁLISIS DE MERCADOS EXTERIORES

I.   1. Organización para la Cooperación y el Desarrollo Económico
     2. Instituto de Comercio Exterior
II. A. 1.+2. a) institutos de estadística / e) cámaras de comercio, 3. c) en-
     torno político-económico, 4. g) política monetaria, 5. i) marco legal,
     6. b) renta per cápita, 7. h) infraestructura de transporte, 8. d) poten-
     cial, 9. f) riesgo
     B. 1. c) segmentos de mercado, 2. g) hábitos de consumo, 3.+4. f) fa-
     bricantes (productores) locales / a) cuotas de mercado, 5. d) interme-
     diarios, 6. h) márgenes comerciales, 7. b) almacenamiento y distribu-
     ción, 8. i) publicidad, 9. e) competencia

35 FORMAS DE ENTRADA EN MERCADOS EXTERIORES

I.   1. d), 2. c), 3. e), 4. h), 5. f), 6. g), 7. a), 8. b)
II. por ejemplo:
     1. El agente se encarga de transmitir los **pedidos** de los clientes en el
     mercado exterior a la empresa exportadora. Como remuneración
     cobra una **comisión** sobre el **volumen de ventas**. El representante
     hace básicamente lo mismo, pero es un **empleado** de la empresa
     exportadora.
     2. Es la **cesión** del producto y del saber-hacer sobre su comercia-
     lización por el **franquiciador** a un **franquiciado**, que financia el
     punto de venta y le paga además un porcentaje sobre el volumen de
     ventas.
     3. El **licenciador** da al **licenciatario** la autorización de fabricar un de-
     terminado producto y recibe una **compensación** económica que se
     llama **royalties**.
III. 1. c), 2. g), 3. i), 4. a), 5. j), 6. d), 7. b), 8. e), 9. f), 10. h)

36 MARKETING

I.   3.+7.+8.+11.
II. 1. d), 2. c), 3. c), 4. a), 5. d)

37 EL PRODUCTO

I.   1. b), 2. c), 3. d), 4. e), 5. a), 6. g), 7. f)
II. 1. marca blanca, 2. piratería, 3. servicio postventa, 4. diseño, 5. com-
     petencia, 6. introducción – crecimiento – madurez - declive

38 EL PRECIO

I.

verbo	sustantivo-agente	sustantivo-acción
demandar	demandante	demanda
especular	especulador	especulación
consumir	consumidor	consumo, consumición
ofrecer, ofertar	oferente	oferta, ofrecimiento
vender	vendedor	venta
distribuir	distribuidor	distribución

II.

```
                                          1A
       2I                                 L
       N                                  Q
       T                            3I    U
 4P  E   A   J   5E    6C  O  M  I  S  I   Ó  N
     R               N                    L     C
     É               F                    E     E        7A
     S               Á          8A  R  A  N  C  E  L
                     B                    T     P
                     R                    I     Ú
       9P  R  I  M   A                    V     B
                     C        10E         O     L
       11M  A  T  R  Í  C  U  L  A               I
                     Á                          C
                     12S  O  B  O  R  N  O
                     T
       13H  O  N  O  R  A  R  I  O
                     C
       14P  R  O  P  I  N  A
```

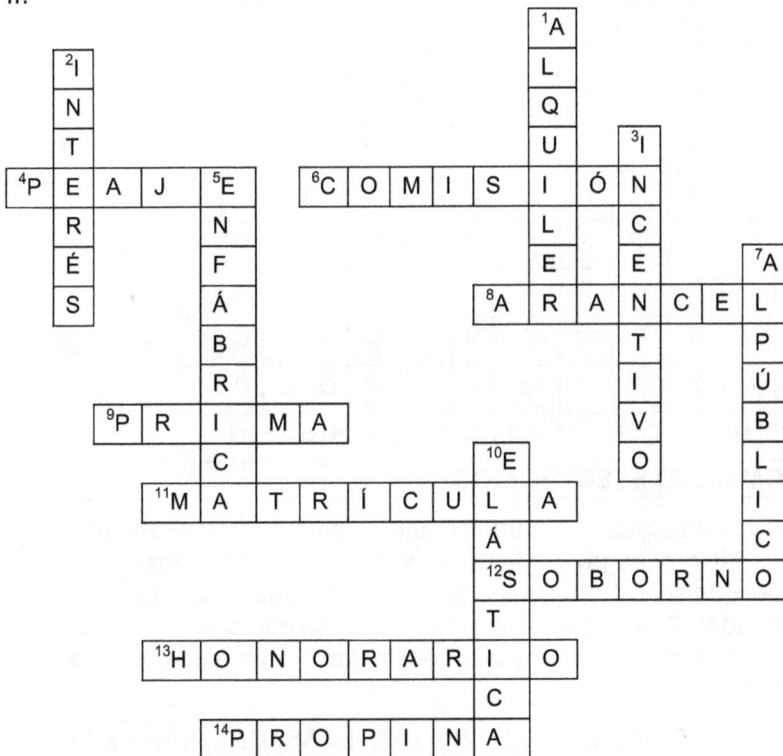

39 LA DISTRIBUCIÓN - LA LOGÍSTICA

I. 1. aéreo, 2. productor, 3. stock, 4. saber hacer, 5. comercio al por mayor, 6. transporte por carretera, 7. conceder, 8. proveedores, 9. logística comercial, 10. comercio exterior, 11. transporte marítimo / fluvial, 12. consumidor final

II. 1. e) E), 2. g) A), 3. a) G), 4. h), B), 5. d) H), 6. c) C), 7. f) D), 8. b) F)

III. 1. perecederos, 2. ferroviario, 3. oportunidad de negocio, 4. exportador, 5. incoterms, 6. venta al por mayor / mayorista, 7. hipermercados,

8. minorista / detallista, 9. surtido, 10. venta directa, 11. flete, 12. royalties, 13. transitario, 14. centro comercial, 15. plazo de entrega

40 LA PROMOCIÓN

I.

2L	1R	E	G	A	L	O	S	T	K	S	K	B
U	O	H	M	E	G	V	N	I	N	B	Y	Q
J	B	G	T	N	V	B	6E	J	I	O	E	X
G	S	R	O	L	K	5V	T	N	M	D	P	K
Y	A	4M	D	T	F	V	A	N	V	H	F	A
3C	R	G	A	L	I	G	M	L	L	A	E	E
C	S	T	W	I	F	P	R	E	L	O	S	7R
K	X	L	L	V	L	W	O	T	I	A	G	E
N	A	K	U	V	E	I	P	C	J	C	P	B
8P	A	T	R	O	C	I	N	I	O	D	I	A
B	F	U	C	K	D	U	W	G	N	X	E	J
J	X	F	9C	O	N	C	U	R	S	O	S	A
N	Z	S	Y	10A	V	J	M	Q	O	P	T	O

II.   1. b)+h)+m), 2. c)+f)+k)+l)+n), 3. d)+g)+j), 4. a)+e)+i)

41 EL COMERCIO ELECTRÓNICO

I.   1. de (Geschäftsplan), 2. por (Versandhandel), 3. de la (Einkaufswagen), 4. – (Homepage), 5. de (Kreditkarte), 6. de (Zahlungsauftrag), 7. – (elektronische Geldbörse), 8. de la (Informationstechnologien)

II.   1. ordenador, 2. world wide web / la red, 3. de compra, 4. por correspondencia, 5. realizar, 6. facilitar / estimular, 7. mayorista, 8. al detalle / detallista

42 MEDIOS DE PAGO I: EFECTIVO, TARJETAS, CHEQUES- MEDIOS DE PAGO II: LA LETRA DE CAMBIO Y EL PAGARÉ

I.   ver página siguiente

II.   1. bar bezahlen – pagar en metálico – pagar en efectivo
2. Scheck – talón – cheque
3. e. Scheck ausstellen – librar un cheque – extender un cheque
4. Reisescheck – cheque de viaje – cheque viajero
5. Geld abheben – sacar dinero – retirar dinero
6. ungedeckter Scheck – cheque sin fondos – cheque sin provisión
7. Scheckbuch – talonario de cheques – chequera
8. e. Scheck einlösen – cobrar un cheque – hacer efectivo un cheque

9. (Jahres)Gebühr – tasa anual – cuota (anual)

I.

Lugar de libramiento *Madrid*	MONEDA *EUROS*	IMPORTE *2070*	
Por esta LETRA DE CAMBIO pagará usted al vencimiento expresado a *OFICESA* la cantidad de (importe en letra) *dos mil setenta*	Fecha de libramiento *27/07/2007*	VENCIMIENTO *31/10/2007*	0 A 0542093

Persona o entidad:
    Caja Madrid
Dirección u oficina:
    Plaza San Pedro
Población:
    Madrid
	en el domicilio de pago siguiente:
	CÓDIGO CUENTA CLIENTE (CCC)
	007 5182 37128		

ACEPTO
Fecha
      (Firma)
	Cláusulas:
	LIBRADO
	Nombre: *Muebles Ébano*
	Domicilio: *C/Toledo, 7*
	Población: *Madrid*
	C.P.: Provincia:
		LIBRADOR:
		(Firma, nombre y
		domicilio)
		OFICESA
		C/Segovia, 127,
		    Madrid	

No utilizar este espacio por estar reservado para impresión magnética			

III.

	verbo	acción	agente
1.	endosar	endoso	endosante
2.	suministrar	suministro	suministrador
3.	librar (un cheque)	libramiento	librador / librado
4.	solicitar	solicitud	solicitante
5.	comerciar	comercio	comerciante
6.	cambiar	cambio	cambista
7.	tomar	toma	tomador

43 MEDIOS DE PAGO III: MEDIOS DE PAGO INTERNACIONALES

I.   1. 9g), 2. 8a), 3. 2h), 4. 10c) = 6i), 5. 7b), 6. 1f), 7. 4j), 8. 5d), 9. 3e)

44 EL BANCO – LA CAJA DE AHORROS

I.   1. d), 2. e), 3. a), 4. b), 5. c), 6. j), 7. g), 8. f), 9. h), 10. i)

II.   1. intermediarios, 2. créditos / préstamos, 3. crean dinero, 4. sucursales / oficinas, 5. sin ánimo de lucro, 6. obra social, 7. becas, 8. beneficios, 9. precio del dinero

---

45 LOS DEPÓSITOS BANCARIOS – EL CRÉDITO, EL PRÉSTAMO, EL EMPRÉSTITO - EL TIPO DE INTERÉS Y EL TIPO DE DESCUENTO

I.   1. a)+c)+d)+f)+h), 2. b)+e)+g)

II. a) abrir una cuenta, b) devengar interés, c) tener la cuenta al descubierto, d) embargar una cuenta, e) ingresar /abonar dinero en la cuenta, f) extracto de cuenta, g) saldo de la cuenta / estado de la cuenta, h) efectos comerciales, i) interés compuesto, j) banco central, k) (plazo de) vencimiento, l) tipo de descuento, m) adelantar, n) letra de cambio

III. 1. h), 2. i), 3. j), 4. b), 5. a), 6. f), 7. g), 8. c), 9. e)

IV. 1. m), 2. k), 3. b), 4. c), 5. h), 6. amortizar / devolver, 7. g), 8. i), 9. e), 10. a), 11. d), 12. j), 13. f), l) instituciones bancarias / bancos

V.   1. b), 2. a), 3. c)

46 EL LEASING Y EL FACTORING

I.

```
              ⁶F                   ⁸C
        ¹L  E  A  S  I  N  G        C
              C                     B              ⁵I
    ²C  U  O  T  A        R         R              M
              O                     O  G  A  ⁹P
        ⁴C  R  É  D  I  T  O  S            A
              I                 C          G
              N              ³A  C  T  I  V  O
              G              ⁷F
```

47 EL BANCO CENTRAL - EL TESORO PÚBLICO Y LA DEUDA PÚBLICA

I.   a) (Ministerio de) Hacienda, b) presupuesto general del Estado, c) emisión de moneda, d) solvencia, e) tipos de interés, f) Banco Central, g) emisión de deuda pública

II. 1. a), 2. f), 3. b), 4. g), 5. c), 6. d), 7. e)

48 LA POLÍTICA MONETARIA Y LA POLÍTICA FINANCIERA

I.   1. V, 2. V, 3. F, 4. V, 5. F, 6. F, 7. V, 8. V

II. 1. f), 2. a), 3. e), 4. b), 5. d), 6. g), 7. c), 8. h), 9. i), 10. m), 11. l), 12. k), 13. j)

49 EL BANCO MUNDIAL (BM) Y EL FONDO MONETARIO INTER-NACIONAL (FMI)

I. 1. Banco Internacional de Reconstrucción y Desarrollo, 2. largo plazo, 3. créditos / préstamos, 4. vencimiento / plazo, 5.+6. monetaria y co-mercial, 7. tipos de cambio, 8. reservas, 9. Derechos Especiales de Giro, 10. estabilización

50 LOS MERCADOS FINANCIEROS

I.   1. b), 2. e), 3. c), 4. d), 5. f), 6. a)
II. 1. X, 2. de, 3. a, 4. X, 5. X, 6. de

51 LA BOLSA - LOS ÍNDICES BURSÁTILES

I.   1. b), 2. c), 3. f), 4. d), 5. a), 6. e)
II. a) materias primas, b) retribución, c) oferta y demanda, d) cotización, e) títulos valores, f) liquidar la inversión, g) índice
III. 1. c), 2. d), 3. b), 4. e), 5. f), 6. a), 7. g)

52 LOS FONDOS DE INVERSIÓN

I.   1. c), 2. a), 3. b)
II. 1. c), 2. d), 3. b), 4. a), 5. e)
III. 1. a), 2. c), 3. f), 4. d), 5. b), 6. e), 7. g)

53 LA ACCIÓN - LAS OBLIGACIONES Y LOS BONOS

I.   1. c), 2. a), 3. d), 4. e), 5. b)
II.

	acciones	**obligaciones**
tipo de renta	variable	fija
nombre de la renta que devenga	dividendo	interés o "cupones"
estatus legal del poseedor (accionista – obligacionista)	accionista: es propietario de la empresa	obligacionista: no es propietario sino acreedor de la empresa
tipo de la institución que emite el título	sociedades anónimas	corporaciones públicas (por ej., el Estado) o grandes empresas

III. 1. coticen, 2. emitir, 3. subió / ha subido, 4. devengan
IV. 1. f), 2. c), 3. d), 4. a), 5. b), 6. e)

54 LA OPCIÓN - LOS CONTRATOS DE FUTUROS

I.   1. a), 2. f), 3. c), 4. b), 5. e), 6. d)
II. 1. a), 2. a), 3. a)

III. 1. mercado al contado, 2. activo subyacente, 3. activo financiero,
4. opción de compra, 5. futuro financiero, 6. cámara de compensación,
7. materias primas, 8. pérdida de valor, 9. precio de la opción

55 EL SEGURO

I.   1. b), 2. e), 3. d), 4. f), 5. c), 6. a)
II. 1. V, 2. F, 3. V, 4. F, 5. F, 6. V
III.

		¹S						²Q					
		E				³P		U					
		G				E		I					
	⁴C	U	B	R	I	R		E					
		R				J		B				⁵C	
		O				U		R				O	
⁶I	N	D	E	M	N	I	Z	A	C	I	Ó	N	
		E				C						T	
		V			⁷S	I	N	I	E	S	T	R	O
	⁸C	I	V	I	L	O						A	
		D										T	
		⁹A	S	E	G	U	R	A	D	O	R	A	
												R	

56 EL SISTEMA FINANCIERO ESPAÑOL

I.   1. c), 2. d)+f), 3. g), 4. b)+e), 5. a)
II. 1. c), 2. a), 3. b)+d)

ww.ingramcontent.com/pod-product-compliance
ghtning Source LLC
ambersburg PA
HW080647270326
928CB00017B/3220